週1回 1年間で学ぶ

中国語の基礎

上野恵司 著

白帝社

ま え が き

　わたくしが中国語を学び始めたのは，はや半世紀以上も昔のことですが，当時の，そしてたぶん比較的近い過去までの，大学における第二外国語の授業は，初年度が文法の基礎を中心に週2回，次年度に講読と会話がそれぞれ週1回というのが一般的であったかと思います。

　昨今はネイティブの先生が担当されるクラスが多くなり，授業の形態も内容も随分様変わりしているようですが，いちばん大きな違いは，中国語に限らず，第二外国語の位置づけがすっかり変わってしまったことです。例外もありますが，第二外国語の比重はすっかり軽くなり，初年度週1回きりであったり，次年度はあってもせいぜいが選択制，つまり継続してもしなくてもよく，なかにはあっさり第二外国語を切り捨ててしまって，第一外国語の英語を集中的になどというのもあるようです。

　週1回の授業でいったいどれほどのことが学べるというのでしょうか。ていねいに教わったなら，発音だけでも1年の大半を費やしてしまうことになりかねません。1年間勉強して，残ったのは"你好！"と"再见！"だけだというのではつまりませんね。

　週1回，1年きりの授業を何とか有効に活用することはできないものでしょうか。

　わたくしが長年かかわってきた日本中国語検定協会では，入門者を対象とした準4級の認定基準を「中国語学習の準備完了」とし，具体的には，と言ってもあまり具体的ではありませんが，「一般大学の第二外国語における第一年度前期終了（これは週2回を想定したものですから，週1回なら第一年度終了ということになります），高等学校における第一年度通年履修程度」と定めています。

　そこでこれを一つの目安にして，週1回通年の授業でどこまで学ぶことができるかを考えて編んだのが，このテキストです。と言っても，中検準4級合格を目指しての対策を説いたわけではありません。ですから，当然のこととして，まま準4級の範囲を逸脱した語彙や表現が出てきます。いずれも，いずれは学ばなければならない4級レベルの学習事項を先取りしたにすぎません。これらについてはわかりやすい解説を付して学習の負担にならないよう配慮してあります。合格しさえすればよいというのであれば，また違った「むだ」のない学習法があるはずですが，そういう目先の効率だけを考えた学習法はわたくしの好むところではありません。1年間楽しく勉強して，結果として準4級合格がついてくるのが望ましい，というのがわたくしの考えです。

　課文はストーリーというほどのものはありませんが，中国語を学び始めたばかりの日本人の学生が北京に短期留学し，中国の友人や恩師と交流するという設定です。すべて会話体で，そのまますぐに使える基本的なものばかりです。さらにこの基本表現に沿って理解

を深め，応用範囲を広げるためにポイントと練習問題が配されています。

　このテキストで1年間勉強して，その成果を検定試験で確認し，1年きりでは飽き足らず，続けて勉強したいという気持ちに駆られる人が続々と現れることを，わたくしは願っています。

2019年10月1日

上　野　恵　司

●イラスト：吉村時子／長岡理恵

●表紙デザイン：トミタ制作室

WEB 上での音声ファイルダウンロードについて

■ 『週 1 回 1 年間で学ぶ 中国語の基礎』の音声ファイル（MP3）を無料でダウンロードすることができます。

「白帝社」で検索，または下記サイトにアクセスしてください。

http://www.hakuteisha.co.jp/news/n32344.html

※別途ダウンロードアプリや解凍アプリ（Clipbox など）が必要です。

スマートフォンからは上記 URL を直接入力するか，右の QR コードでアクセスすることができます。

■ 本文中の 🎧 マークの箇所が音声ファイル（MP3）提供箇所です。ファイルは ZIP 形式で圧縮された形でダウンロードされます。

　　　吹込：呉志剛，李洵

■ ダウンロードがご不便な場合は，実費にて CD に音声を入れてお送りします。下記までご連絡ください。

　　　㈱白帝社　　電話 03-3986-3271　　E-mail：info@hakuteisha.co.jp

■ 本書と音声は著作権法で保護されています。

ご注意

＊ 音声の再生には，MP3 ファイルが再生できる機器などが別途必要です。

＊ ご使用機器，音声再生ソフトに関する技術的なご質問は，ハードメーカー，ソフトメーカーにお問い合わせください。

発音編

発音1

1 音節

一まとまりに発音される最小の単位を音節という。

ā	á	ǎ	à
mā	má	mǎ	mà
（妈）	（麻）	（马）	（骂）

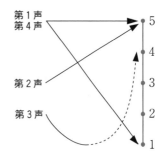

第1声（ˉ）：高く平らに。

第2声（ˊ）：一気に上げる。

第3声（ˇ）：低く抑えてから上げる。

第4声（ˋ）：一気に下げる。

（第3声は，実際には低く抑えるだけで，図の点線部分が発音されないことがある。☞p.12 第3声の変化）

以上のほか，音節が本来の声調を失って，軽く短く発音されることがある。これを**軽声**という。

中国語には21の音節のはじめにくる子音（声母）と6つの基本的な母音があり，これらが互いに組み合わさったり，さらに鼻音を伴ったりして，400余りの音節を形づくっている。通常，1つの音節が漢字1字に対応している。

それぞれの音節には一定の**声調**（高低のアクセント）があり，第1声から第4声まで ˉ ˊ ˇ ˋ 4種の記号を主母音の上に付けることによって区別している。

2 声母 (1)

音節のはじめにくる子音を声母という。

唇音	b [p]	p [p']	m [m]	f [f]
舌尖音	d [t]	t [t']	n [n]	l [l]

中国語表音ローマ字 (ピンイン)

漢字はそのままでは読み方を知る手がかりに乏しい。また，同じ漢字であっても，方言によって読み方が異なる。そこで，別に読み方を示す方法が，どうしても必要になってくる。"**汉语拼音方案**"（Hànyǔ Pīnyīn Fāng'àn）と呼ばれる現行の方法は，ローマ字と声調記号によって正しい読み方を示そうとしたもので，1958年2月に制定され，国際的にも公認されている。

A 4 ③ **韻母**（1）

音節から声母を除いた残りの部分を韻母という。

a o e i u ü 《er》
(yi) (wu) (yu)

* （ ）内は単独で音節を形成
する時のつづり方。
ü（yu）については，
☞ **発音3**
er については， ☞ **発音4**

母音は単独で，或いは韻母として声母と組み合わさって，音節を形成する。

a ［a］：日本語のアよりも口を大きく開いて。

o ［ɔ］：日本語のオよりも唇を丸く突き出すようにして。

e ［ɤ］：日本語のエの口の形をして，のどの奥からオを発音する。

　　＊ i ＋ e，ü ＋ e の２つの場合はエに近い。

i ［i］：日本語のイよりも唇を左右に引いて。

u ［u］：日本語のウよりも唇を丸く突き出して。

A 5

ai ei ao ou

２つ以上の母音が複合して出来た母音を複合母音という。前の母音から後の母音へ自然に移動していくように発音する。

A 6 ●音節表1

	a	o	e	i	u	ai	ei	ao	ou
b	ba	bo		bi	bu	bai	bei	bao	
p	pa	po		pi	pu	pai	pei	pao	pou
m	ma	mo	me	mi	mu	mai	mei	mao	mou
f	fa	fo			fu		fei		fou
d	da		de	di	du	dai	dei	dao	dou
t	ta		te	ti	tu	tai		tao	tou
n	na		ne	ni	nu	nai	nei	nao	nou
l	la	lo	le	li	lu	lai	lei	lao	lou

A 7 ●無気音と有気音 _{む き おん ゆう き おん}

中国語の子音には，日本語と違って，濁音がない。清音は無気音と有気音に分かれる。

b — p

bā	—	pā
bái	—	pái
bǎo	—	pǎo
bèi	—	pèi

濁音	清音	
	無気音	有気音
[b]	b [p]	p [p']

表音ローマ字のbとpは濁る（＝濁音）か濁らない（＝清音）かの違いを示すものではない。

d — t

dā	—	tā
dí	—	tí
dǔ	—	tǔ
dào	—	tào

（日本語）	濁音	清音	
	ボ [b]	ポ [p]	[p']

中国語では濁音と清音の境目はあまり重要な意味をもたないが（清音が多少濁って発音されたとしても，意味の伝達に支障はない），無気か有気かの違いは意味の区別にかかわってくるので，厳格に発音しわけなければならない。

A 8 ●区別して発音しましょう

o — e	ai — ei	pō — pōu	dǎo — dǒu
o — u	ao — ou	fó — fóu	tào — tòu
o — ou			

A 9 練習 1 絵を見ながら，次の単語を発音しなさい。

bā（八）

pǎo（跑）

mǎi（买）

féi（肥）

dàifu（大夫）

tíbāo（提包）

nǎinai（奶奶）

lǐwù（礼物）

発音2

A10 1 声母 (2)

舌根音（ぜっこんおん）	g [k]	k [k']	h [x]

A11 ●音節表2

	a	e	u	ai	ei	ao	ou
g	ga	ge	gu	gai	gei	gao	gou
k	ka	ke	ku	kai	kei	kao	kou
h	ha	he	hu	hai	hei	hao	hou

前鼻音 奥鼻音

前鼻音 n[-n]
舌の先を上の歯ぐきの裏側に
つけて発音する。アンナイ
（案内）のアンの要領で。

奥鼻音 ng[-ŋ]
舌の後部を奥に引いて，息を
鼻からぬくようにして発音す
る。アンガイ（案外）のアン。

A12 2 韻母 (2)

an	en	ang	eng	ong

ua	uo	uai	uei(-ui)*
(wa)	(wo)	(wai)	(wei)

uan	uen(-un)**	uang	ueng
(wan)	(wen)	(wang)	(weng)

　＊ uei はまんなかの e が聞こえないことがあり，前に子音が付くときは，duei → dui, guei → gui のよ
　　うに e を省略してつづる。
　＊＊ uen もまんなかの e が聞こえないことがあり，前に子音が付くときは e を省略する。

A13 ●音節表3

	an	en	ang	eng	ong	ua	uo	uai	uei (-ui)	uan	uen (-un)	uang	ueng
g	gan	gen	gang	geng	gong	gua	guo	guai	gui	guan	gun	guang	
k	kan	ken	kang	keng	kong	kua	kuo	kuai	kui	kuan	kun	kuang	
h	han	hen	hang	heng	hong	hua	huo	huai	hui	huan	hun	huang	
b	ban	ben	bang	beng									
p	pan	pen	pang	peng									
m	man	men	mang	meng									
f	fan	fen	fang	feng									

	an	en	ang	eng	ong	ua	uo	uai	uei (-ui)	uan	uen (-un)	uang	ueng
d	dan	den	dang	deng	dong		duo		dui	duan	dun		
t	tan		tang	teng	tong		tuo		tui	tuan	tun		
n	nan	nen	nang	neng	nong		nuo			nuan			
l	lan		lang	leng	long		luo			luan	lun		

A 14 ●無気音と有気音

g ― k

gē ― kē   guà ― kuà

gǔ ― kǔ   gēng ― kēng

A 15 ●区別して発音しましょう

f ― h   an ― ang   en ― eng

fēi ― hēi   dān ― dāng   bēn ― bēng

fú ― hú   hán ― háng   mén ― méng

fǒu ― hǒu   tǎn ― tǎng   fěn ― fěng

fàn ― hàn   fàn ― fàng   pèn ― pèng

A 16 練習 2 絵を見ながら，次の単語を発音しなさい。

guān（关）   kāi（开）   hē（喝）   wèn（问）

wáwa（娃娃）   kāfēi（咖啡）   guǎngbō（广播）   máng（忙）

発音3

A 17 **1 声母**（3）

| 舌面音（ぜつめんおん） | j [tɕ] | q [tɕʻ] | x [ɕ] |

A 18 **2 韻母**（3）

ia	ie	iao	iou(-iu)*	
(ya)	(ye)	(yao)	(you)	
ian	in	iang	ing	iong
(yan)	(yin)	(yang)	(ying)	(yong)
ü	üe	üan	ün**	
(yu)	(yue)	(yuan)	(yun)	

＊ iou はまんなかの o が聞こえないことがあり，前に子音が付くときは，jiou → jiu、liou → liu のように o を省略してつづる。

＊＊ j、q、x の後では，ü、üe、üan、ün は，u、ue、uan、un と書く。

A 19 ●音節表4

	i	ia	ie	iao	iou (-iu)	ian	in	iang	ing	iong	ü	üe	üan	ün
j	ji	jia	jie	jiao	jiu	jian	jin	jiang	jing	jiong	ju	jue	juan	jun
q	qi	qia	qie	qiao	qiu	qian	qin	qiang	qing	qiong	qu	que	quan	qun
x	xi	xia	xie	xiao	xiu	xian	xin	xiang	xing	xiong	xu	xue	xuan	xun
b	bi		bie	biao		bian	bin		bing					
p	pi		pie	piao		pian	pin		ping					
m	mi		mie	miao	miu	mian	min		ming					
d	di	dia	die	diao	diu	dian			ding					
t	ti		tie	tiao		tian			ting					
n	ni		nie	niao	niu	nian	nin	niang	ning			nü	nüe	
l	li	lia	lie	liao	liu	lian	lin	liang	ling			lü	lüe	

●無気音と有気音

j — q

jiā　—　qiā

jié　—　qié

jǔ　—　qǔ

jiàng　—　qiàng

●区別して発音しましょう

u — ü

wū　—　yū

nǔ　—　nǚ

lù　—　lǜ

in — ing

xīn　—　xīng

jǐn　—　jǐng

yìn　—　yìng

in — ün

jīn　—　jūn

qīn　—　qūn

xìn　—　xùn

ian — iang

yān　—　yāng

lián　—　liáng

jiǎn　—　jiǎng

niàn　—　niàng

ian — üan

jiān　—　juān

yán　—　yuán

xiǎn　—　xuǎn

qiàn　—　quàn

ie — üe

yē　—　yuē

jié　—　jué

xiě　—　xuě

qiè　—　què

練習 3 絵を見ながら，次の単語を発音しなさい。

jiǎo（脚）

qián（钱）

xiě（写）

xuě（雪）

yú（鱼）

yuán（圆）

xuéxí（学习）

Yīngyǔ（英语）

発音 4

A 23 **1 声母 (4)**

| 舌尖後音
ぜっせんこうおん
(そり舌音) | zh [tʂ] | ch [tʂʻ] | sh [ʂ] | r [ʐ] |

A 24 **2 韻母 (4)**

-i [ɿ]* 《er》　　＊ zh、ch、sh、r を発音した後に残る特殊な母音。単独では用いない。

A 25 ●音節表 5

	a	e	-i	ai	ei	ao	ou	an	en	ang	eng	ong
zh	zha	zhe	zhi	zhai	zhei	zhao	zhou	zhan	zhen	zhang	zheng	zhong
ch	cha	che	chi	chai		chao	chou	chan	chen	chang	cheng	chong
sh	sha	she	shi	shai	shei	shao	shou	shan	shen	shang	sheng	
r		re	ri			rao	rou	ran	ren	rang	reng	rong

	u	ua	uo	uai	uei (-ui)	uan	uen (-un)	uang
zh	zhu	zhua	zhuo	zhuai	zhui	zhuan	zhun	zhuang
ch	chu	chua	chuo	chuai	chui	chuan	chun	chuang
sh	shu	shua	shuo	shuai	shui	shuan	shun	shuang
r	ru	rua	ruo		rui	ruan	run	

A 26 **3 er（儿）化**

　　er（儿―「兒」の簡体字）は単独で音節を形成するほか，前の韻母と結合して "儿" 化韻母をつくることがある。この場合は，e を省略して r だけ書く。

例：gēr（歌儿）　　　　　huār（花儿）

　　lǎotóur（老头儿）　　xiǎoháir（小孩儿）

　　bīnggùnr（冰棍儿）　　pángbiānr（旁边儿）

　　yíkuàir（一块儿）　　　wánr（玩儿）

　　＊"儿" 化した場合，xiǎoháir が xiǎohár，wánr が wár のように発音されるなど，微妙に変化が生じることがある。

●無気音と有気音

zh — ch

zhāng — chāng

zháo — cháo

zhuǎn — chuǎn

zhè — chè

●区別して発音しましょう

j — zh

jī — zhī

jiǎo — zhǎo

jiāng — zhāng

q — ch

qī — chī

qiáo — cháo

qiāng — chāng

x — sh

xī — shī

xiǎo — shǎo

xiàng — shàng

r — l

rì — lì

rè — lè

rǎo — lǎo

ruàn — luàn

練習 4　絵を見ながら，次の単語を発音しなさい。

zhǐ（纸）

chá（茶）

shǒu（手）

rén（人）

chēzhàn（车站）

huār（花儿）

wánr（玩儿）

shénme（什么）

発音5

1 声母 (5)

| 舌尖前音（ぜっせんぜんおん） z [ts]　　c [ts'] 　　　s [s] |

2 韻母 (5)

-i [ɿ]*　　＊ z、c、s を発音した後に残る特殊な母音。単独では用いない。

●音節表6

	a	e	-i	ai	ei	ao	ou	an	en	ang	eng	ong	u	uo	uei (-ui)	uan	uen (-un)
z	za	ze	zi	zai	zei	zao	zou	zan	zen	zang	zeng	zong	zu	zuo	zui	zuan	zun
c	ca	ce	ci	cai		cao	cou	can	cen	cang	ceng	cong	cu	cuo	cui	cuan	cun
s	sa	se	si	sai		sao	sou	san	sen	sang	seng	song	su	suo	sui	suan	sun

●無気音と有気音

z ― c

zī ― cī

záo ― cáo

zǎn ― cǎn

zòu ― còu

●区別して発音しましょう

z ― zh　　　　　c ― ch　　　　　s ― sh

zé ― zhé　　　　cā ― chā　　　　sè ― shè

zūn ― zhūn　　　cuī ― chuī　　　sōu ― shōu

zēn ― zhēng　　cù ― chù　　　　sài ― shài

zān ― zhāng　　cōng ― chōng　　sǎng ― shǎng

練習 5 絵を見ながら，次の単語を発音しなさい。

zuǐ（嘴）

cū（粗）

sì（四）

sūnzi（孙子）

zájì（杂技）

cèsuǒ（厕所）

sùshè（宿舍）

zǎochen（早晨）

Dùzi bǎo le.
（肚子饱了。）

Tùzi pǎo le.
（兔子跑了。）

● 声調記号の位置

声調記号は音節のなかで中心をなす母音の上に付ける。

mā pó nǐ bù	母音が1つの場合はその母音の上に。
hǎo lái tiān	a がある場合はその上に。
guò xué gěi	a がなければ o か e の上に。
jiǔ guì	iu と ui はうしろにつける。

● 隔音記号

a、o、e で始まる音節が他の音節のすぐ後に続き，音節の切れ目が紛らわしい場合は，隔音記号（'）を用いる。例：Cháng'ān（长安）　pí'ǎo（皮袄）　shí'èr（十二）

1. 第3声の変化

(1) 第3声が2つ続く時は，前の第3声は第2声に変わる。

例：nǐ hǎo（你好） ⇨ ní hǎo　　　gěi nǐ（给你） ⇨ géi nǐ

＊ただし，声調記号はもとのまま第3声の記号（ˇ）を付ける。

(2) 第3声が第1、第2、第4声および大部分の軽声の前にきた時は，半3声，すなわち本来の第3声の前半分だけを低く抑えて発音する。

2.“不”の声調変化

“不”はもともと第4声 bù であるが，後に第4声が続いた場合は，第2声に変わる。

例：bù shì（不是） ⇨ bú shì　　　bù kàn（不看） ⇨ bú kàn

3.“一”の声調変化

“一”はもともと第1声 yī であるが，

(1) 単独で用いられる場合，または2ケタ以上の数の10の位あるいは最後のケタにあたる場合は，もとどおり第1声に発音される。

例：èrbǎi yīshiyī（二百一十一）　　　yījiǔjiǔyī（一九九一）

(2) 後に第4声（または第4声から転化した軽声）がきた場合は，第2声に変わる。

例：yídìng（一定）　　　yí duì（一对）　　　yí ge（一个）

(3) 後に第1声、第2声、第3声がきた場合は，第4声に変わる。

例：yìbān（一般）　　　yìzhí（一直）　　　yìqǐ（一起）

ただし，序数として用いられた場合には第1声に発音される。

例：dì yī kè（第一课）　　　yīyuè（一月）

 　　　＊○印を付した音節が軽声である。

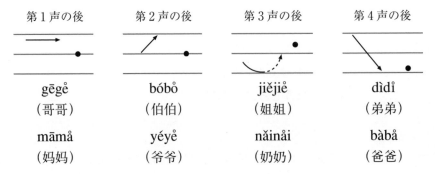

第1声の後	第2声の後	第3声の後	第4声の後
gēgě（哥哥）	bóbo（伯伯）	jiějie（姐姐）	dìdi（弟弟）
māmǎ（妈妈）	yéye（爷爷）	nǎinai（奶奶）	bàba（爸爸）

中国語音節表

　これまでに見てきたように声母と韻母とを組み合わせると，中国語の音節ができあがる。14、15 頁に掲げる表は声母を縦に，韻母を横に配し，これを組み合わせることによって，中国語のすべての音節を示したものである。

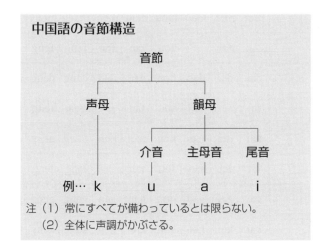

中国語の音節構造

```
                    音節
        ┌────────────┴────────────┐
       声母                      韻母
                        ┌─────────┼─────────┐
                       介音      主母音     尾音
                        │         │         │
        例…   k         u         a         i
```

注（1）常にすべてが備わっているとは限らない。
　（2）全体に声調がかぶさる。

音節表のしくみと見方

1. 声母(せいぼ)とは音節のはじめにくる子音のことである。
2. 韻母(いんぼ)とは音節から声母を除いた残りの部分のことである。
3. 声母ゼロとは，韻母のみで音節が構成されていることである。
4. 介音(かいおん)とは，声母と主母音とを仲介するはたらきをする音のことである。
5. 表中の空白部分は，そのような音節が成り立たないか，成り立つとしても実際の中国語のなかに存在しないことを示している。

　音節の総数は 400 余りであるが，それぞれが声調を持つので，単純に掛け算をすると，4 倍の 1,600 余りになってしまう。しかし，どの音節もすべて 4 つの声調がそろっているわけではないので，実際の数は 1,200 余りにしかならない。

【中国語音節表】

声母＼韻母	1（介音なし） a	o	e	-i [ɿ][ʅ]	er	ai	ei	ao	ou	an	en	ang	eng	ong	i	ia	ie	iao	iou -iu
b	ba	bo				bai	bei	bao		ban	ben	bang	beng		bi		bie	biao	
p	pa	po				pai	pei	pao	pou	pan	pen	pang	peng		pi		pie	piao	
m	ma	mo	me			mai	mei	mao	mou	man	men	mang	meng		mi		mie	miao	miu
f	fa	fo					fei		fou	fan	fen	fang	feng						
d	da		de			dai	dei	dao	dou	dan	den	dang	deng	dong	di	dia	die	diao	diu
t	ta		te			tai		tao	tou	tan		tang	teng	tong	ti		tie	tiao	
n	na		ne			nai	nei	nao	nou	nan	nen	nang	neng	nong	ni		nie	niao	niu
l	la	lo	le			lai	lei	lao	lou	lan		lang	leng	long	li	lia	lie	liao	liu
g	ga		ge			gai	gei	gao	gou	gan	gen	gang	geng	gong					
k	ka		ke			kai	kei	kao	kou	kan	ken	kang	keng	kong					
h	ha		he			hai	hei	hao	hou	han	hen	hang	heng	hong					
j															ji	jia	jie	jiao	jiu
q															qi	qia	qie	qiao	qiu
x															xi	xia	xie	xiao	xiu
zh	zha		zhe	zhi		zhai	zhei	zhao	zhou	zhan	zhen	zhang	zheng	zhong					
ch	cha		che	chi		chai		chao	chou	chan	chen	chang	cheng	chong					
sh	sha		she	shi		shai	shei	shao	shou	shan	shen	shang	sheng						
r			re	ri				rao	rou	ran	ren	rang	reng	rong					
z	za		ze	zi		zai	zei	zao	zou	zan	zen	zang	zeng	zong					
c	ca		ce	ci		cai		cao	cou	can	cen	cang	ceng	cong					
s	sa		se	si		sai		sao	sou	san	sen	sang	seng	song					
ゼロ	a	o	e		er	ai	ei	ao	ou	an	en	ang			yi	ya	ye	yao	you

2（介音 i）					3（介音 u）									4（介音 ü）			
ian	in	iang	ing	iong	u	ua	uo	uai	uei -ui	uan	uen -un	uang	ueng	ü	üe	üan	ün
bian	bin		bing		bu												
pian	pin		ping		pu												
mian	min		ming		mu												
					fu												
dian			ding		du		duo		dui	duan	dun						
tian			ting		tu		tuo		tui	tuan	tun						
nian	nin	niang	ning		nu		nuo			nuan				nü	nüe		
lian	lin	liang	ling		lu		luo			luan	lun			lü	lüe		
					gu	gua	guo	guai	gui	guan	gun	guang					
					ku	kua	kuo	kuai	kui	kuan	kun	kuang					
					hu	hua	huo	huai	hui	huan	hun	huang					
jian	jin	jiang	jing	jiong										ju	jue	juan	jun
qian	qin	qiang	qing	qiong										qu	que	quan	qun
xian	xin	xiang	xing	xiong										xu	xue	xuan	xun
					zhu	zhua	zhuo	zhuai	zhui	zhuan	zhun	zhuang					
					chu	chua	chuo	chuai	chui	chuan	chun	chuang					
					shu	shua	shuo	shuai	shui	shuan	shun	shuang					
					ru	rua	ruo		rui	ruan	run						
					zu		zuo		zui	zuan	zun						
					cu		cuo		cui	cuan	cun						
					su		suo		sui	suan	sun						
yan	yin	yang	ying	yong	wu	wa	wo	wai	wei	wan	wen	wang	weng	yu	yue	yuan	yun

A 38

1. 絵を見ながら，次の単語を発音しましょう。（声母の練習）

bàba（爸爸）　　pútao（葡萄）　　máoyī（毛衣）　　fēijī（飞机）

dìdi（弟弟）　　tóufa（头发）　　nǎodai（脑袋）　　lǎohǔ（老虎）

gāngbǐ（钢笔）　　kuàizi（筷子）　　hēibǎn（黑板）　　jiějie（姐姐）

qiānbǐ（铅笔）　　xióngmāo（熊猫）　　zhuāngjia（庄稼）　　chuānghu（窗户）

shūjià（书架）　　rìlì（日历）　　zázhì（杂志）　　cídiǎn（词典）

sījī（司机）

wūyā（乌鸦）

yuèliang（月亮）

A 39

2. 絵を見ながら，次の単語を発音しましょう。(四声の練習)

yān（烟）　　　yán（盐）　　　yǎn（眼）　　　yàn（燕）

jī（鸡）　　　yáng（羊）　　　gǒu（狗）　　　tù（兔）

zhuōzi（桌子）　　fángzi（房子）　　yǐzi（椅子）　　dèngzi（凳子）

Dōngjīng（东京）　Nánjīng（南京）　Běijīng（北京）　Yàzhōu（亚洲）

第1課　数を含んだいくつかの表現

Dì yī kè

(1) 数の数え方

1. 1から10までの数

| yī（一） | èr（二） | sān（三） | sì（四） | wǔ（五） |

| liù（六） | qī（七） | bā（八） | jiǔ（九） | shí（十） |

2. 11から100までの数

shíyī	shí'èr	shísān	……	èrshí	èrshiyī	èrshi'èr	……
十一	十二	十三	……	二十	二十一	二十二	……
(11)	(12)	(13)		(20)	(21)	(22)	

sānshí	sìshí	wǔshí	……	jiǔshijiǔ	yìbǎi
三十	四十	五十	……	九十九	一百
(30)	(40)	(50)		(99)	(100)

A 42

3. 100以上の数

yìbǎi líng yī	yìbǎi líng èr	yìbǎi yī (= yìbǎi yīshí)
一百零一	一百零二	一百一（＝一百一十）
(101)	(102)	(110)

yìbǎi yīshiyī	yìbǎi yīshi'èr	……	èrbǎi	sānbǎi
一百一十一	一百一十二	……	二百	三百
(111)	(112)		(200)	(300)

yìqiān líng bā	yìqiān líng bāshí	yìqiān bā (= yìqiān bābǎi)
一千零八	一千零八十	一千八（＝一千八百）
(1008)	(1080)	(1800)

liǎngqiān	yíwàn	liǎngwàn
两千	一万	两万
(2000)	(1万)	(2万)

1) "二" と "両"

　　1番目，2番目と順序を数える場合は "二"（èr）を用い，ひとつ，ふたつと数を数える場合は "両"（liǎng）を用いる。

　　2000代，2万代の数をいうには多く "両千"，"両万" を用いる。

2) 10, 11, 12…は "十" "十一" "十二"…でよいが，3ケタ以上の数は，"一百一十" "一百一十一" "一百一十二"…のように "十" の前に "一" を添える。

3) 110は "一百一（十）"，1200は "一千二（百）" のように，後に端数を伴わない場合は，最後の位を表す語は省略することができる。

4) 位がとぶ場合は "零"（líng）を用いる。

　　　108　一百零八　　＊"一百八" は180のことである。

　　　1008　一千零八　　＊"零" は1つだけ用いればよい。

　　　1080　一千零八十　＊この場合も通常は "零" を用いる。

(2) 年月日・曜日・時刻などの表し方

1. 日にちの表し方

yī hào	èr hào	sān hào	……	sānshiyī hào
一 号	二 号	三 号	……	三十一 号
（ついたち）	（ふつか）	（みっか）		（31日）

＊日にちを聞くには jǐ hào（几号）を用いる。

＊＊書きことばでは hào（号）の代わりに rì（日）を用いる。

2. 月の表し方

yīyuè	èryuè	sānyuè	sìyuè	wǔyuè	liùyuè
一月	二月	三月	四月	五月	六月
（1月）	（2月）	（3月）	（4月）	（5月）	（6月）

qīyuè	bāyuè	jiǔyuè	shíyuè	shíyīyuè	shí'èryuè
七月	八月	九月	十月	十一月	十二月
（7月）	（8月）	（9月）	（10月）	（11月）	（12月）

3. 年の表し方

yījiǔsìjiǔ nián	yījiǔbālíng nián	èrlínglíng líng nián	èrlíngyī'èr nián	èrlíng'èrlíng nián
一九四九年	一九八〇年	二〇〇〇年	二〇一二年	二〇二〇年
（西暦1949年）	（1980年）	（2000年）	（2012年）	（2020年）

qiánnián	qùnián	jīnnián	míngnián	hòunián
前年	去年	今年	明年	后年
（一昨年）	（昨年）	（ことし）	（来年）	（さらい年）

4. 曜日の表し方

xīngqīyī	xīngqī'èr	xīngqīsān	xīngqīsì	xīngqīwǔ
星期一	星期二	星期三	星期四	星期五
（月曜日）	（火曜日）	（水曜日）	（木曜日）	（金曜日）

xīngqīliù	xīngqītiān (＝xīngqīrì)
星期六	星期天 （＝星期日）
（土曜日）	（日曜日）

＊"星期" の代わりに "礼拜"（lǐbài），"周"（zhōu）を用いて "礼拜一"，"周一" のように言うことがある。

＊＊「今週」は "这个星期"（zhège xīngqī），「先週」は "上星期"（shàng xīngqī），「来週」は "下星期"（xià xīngqī）と言う。

◆月日や曜日の聞き方

Jīntiān jǐ yuè jǐ hào? —— Shíyuè yī hào.
今天 几 月 几 号？   十月 一 号。
（きょうは何月何日ですか。） （10月1日です。）

Jīntiān xīngqī jǐ? —— Xīngqīsì.
今天 星期 几？   星期四。
（きょうは何曜日ですか。） （木曜日です。）

Míngtiān jǐ yuè jǐ hào? —— Shíyuè èr hào.
明天 几 月 几 号？   十月 二 号。
（あしたは何月何日ですか。） （10月2日です。）

Zuótiān jǐ yuè jǐ hào? —— Jiǔyuè sānshí hào.
昨天 几 月 几 号？   九月 三十 号。
（きのうは何月何日でしたか。） （9月30日でした。）

qiántiān	zuótiān	jīntiān	míngtiān	hòutiān
前天	昨天	今天	明天	后天
（おととい）	（きのう）	（きょう）	（あす）	（あさって）

5. 時刻の表し方

yì diǎn	liǎng diǎn	sān diǎn	……	shí diǎn	shíyī diǎn	shí'èr diǎn
一点	两点	三点		十点	十一点	十二点
(1時)	(2時)	(3時)		(10時)	(11時)	(12時)

yì diǎn líng wǔ fēn	liǎng diǎn shí'èr fēn	sān diǎn yí kè
一点零五分	两点十二分	三点一刻
(1時5分)	(2時12分)	(3時15分)

sì diǎn bàn	wǔ diǎn sān kè	chà wǔ fēn liù diǎn
四点半	五点三刻	差五分六点
(4時半)	(5時45分)	(6時5分前)

zǎoshang qī diǎn	shàngwǔ shíyī diǎn bàn	xiàwǔ sān diǎn
早上七点	上午十一点半	下午三点
(朝7時)	(午前11時半)	(午後3時)

1) diǎn（点）の後に続く fēn（分）が1分から9分までの場合は，diǎn（点）の後に líng（零）を加える。
2) 15分と45分には，yí kè（一刻），sān kè（三刻）のように多く kè（刻）を用いる。
3) 30分には，多く bàn（半）を用いる。
4) 何時何分前という場合の「前」には，chà（差）を用いる。
5) 「午前」と「午後」は，shàngwǔ（上午），xiàwǔ（下午）を用いて区別する。ただし，早朝や夕刻には zǎoshang（早上），wǎnshang（晚上）を用いることがある。

◆時刻の聞き方

Xiànzài jǐ diǎn (zhōng)?	—— Qī diǎn yí kè.
现在几点（钟*）？	七点一刻。
（いま何時ですか。）	（7時15分です。）

＊この zhōng（钟）は略されることが多い。

Jǐ diǎn shàngkè?	—— Bā diǎn shàngkè.
几点上课？	八点上课。
（何時に授業が始まりますか。）	（8時に始まります。）

Jǐ diǎn fàngxué?	—— Sān diǎn bàn fàngxué.
几点放学？	三点半放学。
（何時に学校が終わりますか。）	（3時半に終わります。）

（3）金銭の表し方

liùshisān kuài wǔ (máo*)　　　　　liǎng kuài qī máo èr (fēn*)

六十三 块 五（毛*）　　　　　　　两 块 七 毛 二（分*）

（63元5角）　　　　　　　　　　（2元7角2分）

＊この máo（毛）は略されることが多い。　＊この fēn（分）も略されることが多い。

中国の通貨単位は正式には yuán（元 ——"圓" とも書かれる），jiǎo（角），fēn（分）であるが，yuán（元）
と jiǎo（角）は，日常生活では kuài（块），máo（毛）と称されることが多い。

◆値段の聞き方

Duōshao qián?　　　　　——　Wǔshí kuài (qián*).

多少 钱?　　　　　　　　　　五十 块（钱*）。

（いくらですか。）　　　　　　（50元です。）

　　　　　　　　　　　　　　＊この "钱" は略されることが多い。

Yígòng duōshao qián?　　　——　Yígòng bāshiliù kuài qī.

一共 多少 钱?　　　　　　　　一共 八十六 块 七。

（全部でいくらですか。）　　　（全部で86元7角です。）

1. 中国語で言いなさい。

(1) 13　_____　(6) 280　_____

(2) 24　_____　(7) 1006　_____

(3) 105　_____　(8) 1070　_____

(4) 117　_____　(9) 1900　_____

(5) 150　_____　(10) 2954　_____

A 52

2. 中国語で答えなさい。

(1) 今天几月几号?　_____

(2) 昨天几月几号?　_____

(3) 明天几月几号?　_____

(4) 今天星期几?　_____

(5) 现在几点?　_____

```
2021
2月
日 一 二 三 四 五 六
   1  2  3  4  5  6
7  8  9 10 11 12 13
14 15 16 17 18 19 20
21 22 23 24 25 26 27
28
```

3. 中国語で言いなさい。

(1) 2元8角　_____　(4) 460元　_____

(2) 12元　_____　(5) 2700元　_____

(3) 205元　_____

第2課 あいさつ語

Dì èr kè

A 53

（1）こんにちは

Nǐ hǎo! —— Nǐ hǎo!

你 好！　　　　　　　　你 好！

（こんにちは。）　　　　　　（こんにちは。）

Lǎoshī, nín zǎo! —— Nǐmen zǎo!

老师，您 早！　　　　　　你们 早！

（先生，おはようございます。）　　（おはよう。）

Dàjiā hǎo! —— Lǎoshī hǎo!

大家 好！　　　　　　　老师 好！

（みなさんこんにちは。）　　　　（先生こんにちは。）

A 54

（2）お元気ですか

Nǐ hǎo ma? —— Hěn hǎo, xièxie!

你 好 吗?　　　　　　　很 好，谢谢！

（お元気ですか。）　　　　　（元気です，おかげさまで。）

Nín máng ma? —— Wǒ bù máng.

您 忙 吗?　　　　　　　我 不 忙。

（お忙しいですか。）　　　　（忙しくありません。）

A 55

（3）ようこそ

Nǐ hǎo!　Hǎojiǔ bújiàn le! —— Huānyíng, huānyíng!

你 好！　好久 不见 了！　　　欢迎，欢迎！

（こんにちは。お久しぶりです。）　（ようこそ，いらっしゃい。）

Qǐng jìn! 　　　　Qǐng zuò! 　　　　Qǐng hē chá!

请 进！　　　　　请 坐！　　　　　请 喝 茶！

（どうぞお入りください。）　（どうぞお掛けください。）　（お茶をどうぞ。）

(4) ありがとう

Xièxie!　　　　　　　　—— Búyòng xiè.

谢谢!　　　　　　　　　不用 谢。

（ありがとう。）　　　　　（お礼には及びません。）

　　　　　　　　　　　—— Bié kèqi!

　　　　　　　　　　　　别 客气!

　　　　　　　　　　　　（ご遠慮なく。）

(5) すみません

Duìbuqǐ!　　　　　　　—— Méi guānxi!

对不起!　　　　　　　　没 关系!

（すみません。）　　　　　（かまいません。）

　　　　　　　　　　　—— Méishì(r)!

　　　　　　　　　　　　没事(儿)!

　　　　　　　　　　　　（何でもありません。）

Máfan nǐ!　　　　　　　—— Nǎli, nǎli!

麻烦 你!　　　　　　　　哪里，哪里!

（ご面倒をおかけします。）　（なんの，なんの。）

(6) お名前は？

Nín guìxìng?　　　　　　—— Wǒ xìng Wáng.

您 贵姓?　　　　　　　　我 姓 王。

（お名前は？）　　　　　　（王と申します。）

Nǐ xìng shénme?　　　　—— Wǒ xìng Lǐ.

你 姓 什么?　　　　　　我 姓 李。

（お名前は？）　　　　　　（李と申します。）

Nǐ jiào shénme míngzi?　—— Wǒ jiào Zhāng Xiǎoyún.

你 叫 什么 名字?　　　　我 叫 张 小云。

（あなたのお名前は？）　　（わたしは张小雲と申します。）

(7) お国はどちら？

Nǐ shì nǎ guó rén? —— Wǒ shì Fǎguórén.

你 是 哪 国 人？ 我 是 法国人。

（お国はどちらですか。） （フランス人です。）

(8) おいくつですか

Nǐ jǐ suì le? —— Liù suì.

你 几 岁 了？ 六 岁。

（いくつですか。） （6歳です。）

Nǐ duō dà le? —— Èrshisān suì.

你 多 大 了？ 二 十 三 岁。

（何歳ですか。） （23歳です。）

Nín duō dà suìshu? —— Wǒ jīnnián liùshisān suì.

您 多 大 岁 数？ 我 今年 六十三 岁。

（おいくつでいらっしゃいますか。） （ことし63歳です。）

国名と使用言語		
日本 Rìběn	日本人 Rìběnrén	日语 Rìyǔ
中国 Zhōngguó	中国人 Zhōngguórén	汉语 Hànyǔ
韩国 Hánguó	韩国人 Hánguórén	韩语 Hányǔ
英国 Yīngguó	英国人 Yīngguórén	英语 Yīngyǔ
美国 Měiguó	美国人 Měiguórén	英语 Yīngyǔ
德国 Déguó	德国人 Déguórén	德语 Déyǔ
法国 Fǎguó	法国人 Fǎguórén	法语 Fǎyǔ
俄国 Éguó	俄国人 Éguórén	俄语 Éyǔ

(9) さようなら

Zàijiàn!
再见!
（さようなら。）

—— Zàijiàn!
再见!
（さようなら。）

—— Huítóu jiàn!
回头见!
（ではのちほど。）

—— Míngtiān jiàn!
明天见!
（またあした。）

A
63
親族表

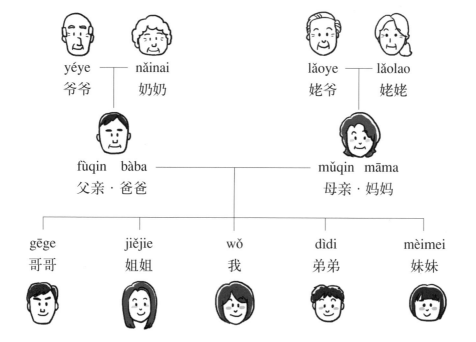

兄弟姉妹がおおぜいいる場合，男女別に数えて，

dàgē（大哥），èrgē（二哥），〔自分〕，sìdì（四弟） …〔兄弟〕

dàjiě（大姐），〔自分〕，sānmèi（三妹），sìmèi（四妹） …〔姉妹〕

dàbó（大伯），èrbó（二伯），〔父〕，sìshū（四叔） …〔父の兄弟〕

のように呼び分ける。

1. 中国語で答えなさい。

(1) 你姓什么?　───────────────────────────────

(2) 你叫什么名字?　──────────────────────────

(3) 你弟弟叫什么名字?　────────────────────────

(4) 你多大了?　─────────────────────────────

(5) 您爸爸多大岁数?　────────────────────────

2. 中国語で言いなさい。

(1) ようこそ。

(2) どうぞお入りください。

(3) どうぞお掛けください。

(4) お茶をどうぞ。

(5) さようなら。

第3课　认识你很高兴

Dì sān kè　　Rènshi nǐ hěn gāoxìng

生词 shēngcí　A 65

王：你　好！　我　叫　王　丽华。
　　Nǐ　hǎo!　Wǒ　jiào　Wáng　Lìhuá.

好 hǎo
叫 jiào
王丽华 Wáng Lìhuá

铃木：我　叫　铃木　一郎，是　日本　留学生。
　　　Wǒ jiào　Língmù Yīláng,　shì　Rìběn　liúxuéshēng.

铃木一郎 Língmù Yīláng
是 shì
日本 Rìběn
留学生 liúxuéshēng
认识 rènshi
很 hěn
高兴 gāoxìng
也 yě

王：认识　你，我　很　高兴！
　　Rènshi　nǐ,　wǒ　hěn　gāoxìng!

铃木：认识　你，我　也　很　高兴！
　　　Rènshi　nǐ,　wǒ　yě　hěn　gāoxìng.

王：她　叫　什么　名字？
　　Tā　jiào　shénme　míngzi?

什么 shénme
名字 míngzi

铃木：她　叫　玛丽，是　美国　留学生。
　　　Tā　jiào　Mǎlì,　shì　Měiguó liúxuéshēng.

玛丽 Mǎlì
美国 Měiguó

ポイント

1 人称代詞

	一人称	二人称	三人称
単数	我 wǒ	你 nǐ（您 nín＊）	他、她、它 tā＊＊
複数	我们 wǒmen	你们 nǐmen	他们、她们、它们 tāmen

＊"您"は"你"の敬称。目上の人に用いる。

＊＊"他"は男性，"她"は女性，"它"は人間以外の動物や事物に用いる。

2 指示代詞

	これ	それ・あれ	どれ
単数	这　zhè（zhèi）	那　nà（nèi）	哪　nǎ（něi）
	这个 zhège（zhèige）	那个 nàge（nèige）	哪个 nǎge（něige）
複数	这些 zhèxiē（zhèixiē）	那些 nàxiē（nèixiē）	哪些 nǎxiē（něixiē）

3 我叫王丽华。　わたしは王麗華と申します。　■ 名前の言い方

"叫"は「名は…と言う」。姓名，または名をいうのに用いる。
姓のみをいうには"姓"（xìng）を用いる。

我叫李明。	Wǒ jiào Lǐ Míng.	李明 Lǐ Míng
我姓王，叫王丽华。	Wǒ xìng Wáng, jiào Wáng Lìhuá.	姓 xìng
我姓张。	Wǒ xìng Zhāng.	张 Zhāng
他姓渡边。	Tā xìng Dùbiān.	

いくつかの姓

中国人（漢民族）の姓上位 10　（　）内は，日本の常用漢字

李(李)　王(王)　张(張)　刘(劉)　陈(陳)　杨(楊)　赵(趙)　黄(黄)　周(周)　吴(呉)
Lǐ　　Wáng　Zhāng　Liú　　Chén　　Yáng　　Zhào　Huáng　Zhōu　　Wú

日本人の姓上位 5　（　）内は，中国の漢字

佐藤(佐藤)　　鈴木(铃木)　　高橋(高桥)　　田中(田中)　　渡辺(渡边)
Zuǒténg　　　Língmù　　　Gāoqiáo　　　Tiánzhōng　　Dùbiān

中国人の姓には上に挙げた漢字 1 字のもののほかに，"司马"（Sīmǎ），"欧阳"（Ōuyáng）など 2 字からなるものがある。

4 **我是日本留学生。**　　　わたしは日本人留学生です。

■ "是" と "不是" を用いた
名詞述語文

"是"は「…である」。英語のbe動詞に似ているが，主語の人称や数，時制による変化はない，形容詞述語文には用いないなど，異なる点が多い。否定には"不"(bù)を用いる。

我是学生。	Wǒ shì xuésheng.
我不是老师。	Wǒ bú shì lǎoshī.
这是电视机。	Zhè shì diànshìjī.
那不是电脑。	Nà bú shì diànnǎo.

学生 xuésheng
不 bù
老师 lǎoshī
电视机 diànshìjī
电脑 diànnǎo

5 **认识你，我很高兴！**　　　あなたと知り合いになれて，わたしはとてもうれしい。

■ 形容詞述語文

"认识"は「知る，認識する」。"认识你"は「あなたを知る」。"很高兴"は「たいへんうれしい」。肯定文では程度を表す副詞を伴う。

6 **我也很高兴！**　　　わたしもたいへんうれしい。

■ 副詞 "也" "都"

"也"は副詞。述語の動詞や形容詞の前に用いて，「…も，同様に（…する，…である）」という意味を表す。「みな，すべて」の意味の副詞"都"(dōu)と併用する場合は"也都…"の語順をとる。

我来。	Wǒ lái.
他也来。	Tā yě lái.
我去。	Wǒ qù.
你也去。	Nǐ yě qù.
我们都去。	Wǒmen dōu qù.
你们都是留学生。	Nǐmen dōu shì liúxuéshēng.
他们也都是留学生。	Tāmen yě dōu shì liúxuéshēng.

来 lái

去 qù

都 dōu

7 **她叫什么名字？**　　　彼女は何という名前ですか。

■ 疑問詞疑問文

"什么"は「なに，どんな」。文中に疑問詞があることによって，この文は疑問文になっている。

你姓什么？	Nǐ xìng shénme?
这是什么？	Zhè shì shénme?
那是什么书？*	Nà shì shénme shū?
他是谁？	Tā shì shéi?
那是谁的书包？*	Nà shì shéi de shūbāo?
——那是他的书包。	——Nà shì tā de shūbāo.

书 shū
谁 shéi
的 de
书包 shūbāo

＊疑問詞"什么"が名詞を修飾する場合は"的"を用いない。"谁"の場合は所有・所属の関係を表す助詞"的"が必要である。

■ "的"；所有・所属の表現

1. 这是什么？　中国語で答えなさい。

(1) _____

(2) _____

(3) _____

(4) _____

(5) _____

(6) _____

補充語句

(7) 课本
　　 kèběn

(8) 手机
　　 shǒujī

(9) 圆珠笔
　　 yuánzhūbǐ

(10) 毛笔
　　 máobǐ

(11) 粉笔
　　 fěnbǐ

(12) 手表
　　 shǒubiǎo

2. 中国語で言いなさい。

(1) 彼は中国人です。　　　　　　_____

(2) 彼女も中国人です。　　　　　_____

(3) 彼らはみな中国人です。　　　_____

(4) これは何の辞書ですか。　　　_____

(5) あれは誰の雑誌ですか。　　　_____

第4课　我在学习汉语

Dì sì kè　　Wǒ zài xuéxí Hànyǔ

王 ：你　在　学习　汉语　吗?
　　 Nǐ　zài　xuéxí　Hànyǔ　ma?

铃木：对，我　在　学习　汉语。
　　　Duì, wǒ　zài　xuéxí　Hànyǔ.

王 ：汉语　难　吗?
　　 Hànyǔ　nán　ma?

铃木：汉语　很　难。
　　　Hànyǔ　hěn　nán.

王 ：那　我　帮　你　学习　汉语　吧。
　　 Nà　wǒ　bāng　nǐ　xuéxí　Hànyǔ　ba.

铃木：谢谢，以后　请　多　帮助!
　　　Xièxie,　yǐhòu　qǐng　duō　bāngzhù!

在 zài
学习 xuéxí
汉语 Hànyǔ
吗 ma
对 duì

难 nán

那 nà ［接]
帮 bāng
吧 ba

谢谢 xièxie
以后 yǐhòu
请 qǐng
多 duō
帮助 bāngzhù

ポイント

1 你在学习汉语吗？　あなたは中国語を勉強中ですか。

■ 進行を表す"在"
■ "吗"を用いた疑問文

　　この"在"は副詞で，動詞や「動詞＋目的語」フレーズの前に用いて動作・行為が進行中であることを表す。平叙文"你在学习汉语"の後に"吗"を置くことによって，この文は疑問文になっている。

我在看报纸。	Wǒ zài kàn bàozhǐ.
她在听音乐。	Tā zài tīng yīnyuè.
你在做作业吗？	Nǐ zài zuò zuòyè ma?
他们在做什么？*	Tāmen zài zuò shénme?
他是不是留学生？**	Tā shì bu shì liúxuéshēng?

看 kàn
报纸 bàozhǐ
听 tīng
音乐 yīnyuè
做 zuò
作业 zuòyè

＊この文は文中に疑問詞があるので文末に"吗"を置いてはいけない。
＊＊文末に"吗"を置く代わりに述語部分の動詞や形容詞の肯定形と否定形を反復することによっても疑問文を作ることができる。

2 汉语难吗？　中国語は難しいですか。

■ 形容詞述語文

　　形容詞述語文の否定には過去のことであっても"不"を用いる。

今天冷吗？	Jīntiān lěng ma?
今天很冷。	Jīntiān hěn lěng.
昨天不冷。	Zuótiān bù lěng.
你忙不忙？	Nǐ máng bù máng?
我不太*忙。	Wǒ bú tài máng.

冷 lěng

忙 máng
不太 bú tài

＊あまり…でない。

さまざまな形容詞

大	dà	小	xiǎo		
长	cháng	短	duǎn		
高	gāo	低	dī / 矮	ǎi	
瘦	shòu	胖	pàng		
远	yuǎn	近	jìn		
多	duō	少	shǎo		
贵	guì	便宜	piányi		
早	zǎo	晚	wǎn		
快	kuài	慢	màn		

3 我帮你学习汉语吧。 わたしがあなたの中国語の勉強をお手伝いしましょう。 ■ 兼語文

■ 提案・誘いかけの"吧"

この文の構造はやや複雑である。次のとおり分解して考えるとよい。

我帮你 わたしはあなたを手伝う

你学习汉语 あなたは中国語を勉強する

⇒ 我帮你学习汉语。

つまり"你"は"帮"の目的語であると同時に"学习汉语"の主語をも兼ねているのである。このような構造の文を兼語文と称しているが，とりあえずこのまま覚えておこう。

なお，文末の"吧"は提案や誘いかけの語気を示す助詞である。

4 以后请多帮助！ 今後よろしくお願いいたします。 ■ "请"；どうぞ…してください

初対面のあいさつ語である。"请"は「どうぞ…してください」。 ☞ 第2課(3)参照。
"多"は「より多く」，"帮助"を修飾している。

A 75

動詞と目的語の組み合わせ(1)

□ 擦黑板	cā hēibǎn	黒板を拭く		□ 买东西	mǎi dōngxi	買い物をする
□ 唱歌	chàng gē	歌を歌う		□ 弹钢琴	tán gāngqín	ピアノを弾く
□ 吃饭	chī fàn	ごはんを食べる		□ 听音乐	tīng yīnyuè	音楽を聴く
□ 穿毛衣	chuān máoyī	セーターを着る		□ 洗衣服	xǐ yīfu	洗濯をする
□ 打网球	dǎ wǎngqiú	テニスをする		□ 学外语	xué wàiyǔ	外国語を学ぶ
□ 喝茶	hē chá	お茶を飲む		□ 坐汽车	zuò qìchē	自動車に乗る
□ 画画(儿)	huà huà(r)	絵を描く		□ 做作业	zuò zuòyè	宿題をする
□ 看电视	kàn diànshì	テレビを見る				

簡体字のなりたち

今日の中国では漢字が大幅に簡略化され，それが正式に認められている。これをもとの漢字と対比してみると：

(1) もとの字の一部を残したもの（＊印は古字）

丰＊(豐) 电＊(電) 开(開) 习(習) 儿(兒) 飞(飛)

(2) へん・つくりを簡略化したもの

剂(劑) 钱(錢) 妇(婦) 观(觀) 讲(講) 钢(鋼)

(3) 同音または近音の簡単な字を借りたもの

谷(穀) 斗(鬥) 丑(醜) 只(隻) 几(幾) 干(乾・幹)

(4) 草書体を採用したり，輪郭だけ残したりしたもの

马(馬) 书(書) 长(長) 亚(亞) 广(廣) 气(氣)

(5) 形声文字の原理を利用したもの

忧(憂) 惊(驚) 护(護) 态(態) 运(運) 构(構)

1. 中国語で言いなさい。

⑴ a. 外国語を学ぶ　　　　　　　b. 中国語を学んでいる

⑵ a. 宿題をする　　　　　　　　b. 宿題をしている

⑶ a. ごはんを食べる　　　　　　b. ごはんを食べている

⑷ a. お茶を飲む　　　　　　　　b. お茶を飲んでいる

⑸ a. 歌を歌う　　　　　　　　　b. 歌を歌っている

⑹ a. 絵を描く　　　　　　　　　b. 絵を描いている

⑺ a. 買い物をする　　　　　　　b. 買い物をしている

⑻ a. ピアノを弾く　　　　　　　b. ピアノを弾いている

⑼ a. 音楽を聴く　　　　　　　　b. 音楽を聴いている

⑽ a. 洗濯をする　　　　　　　　b. 洗濯をしている

A 76

2. 繰り返し読みなさい。

⑴ 这个大，那个小。　　　Zhège dà, nàge xiǎo.

⑵ 哥哥高，弟弟矮。　　　Gēge gāo, dìdi ǎi.

⑶ 姐姐瘦，妹妹胖。　　　Jiějie shòu, mèimei pàng.

⑷ 夏天热，冬天冷。　　　Xiàtiān rè, dōngtiān lěng.

⑸ 春天暖和，秋天凉快。　Chūntiān nuǎnhuo, qiūtiān liángkuai.

春天
chūntiān
（春）
暖和
nuǎnhuo
（暖かい）

夏天
xiàtiān
（夏）
热
rè
（暑い）

秋天
qiūtiān
（秋）
凉快
liángkuai
（涼しい）

冬天
dōngtiān
（冬）
冷
lěng
（寒い）

第5课　你家有几口人？

Dì wǔ kè　　Nǐ jiā yǒu jǐ kǒu rén?

生词 shēngcí

王：你　家　在　哪儿？
　　Nǐ　jiā　zài　nǎr?

家 jiā
在 zài
哪儿 nǎr

铃木：我　家　在　东京。
　　　Wǒ　jiā　zài　Dōngjīng.

东京 Dōngjīng

王：你　家　有　几　口　人？
　　Nǐ　jiā　yǒu　jǐ　kǒu　rén?

有 yǒu
几 jǐ
口 kǒu
人 rén

铃木：我　家　有　四　口　人：爸爸、妈妈、
　　　Wǒ　jiā　yǒu　sì　kǒu　rén:　bàba,　māma,

爸爸 bàba
妈妈 māma

　　　姐姐　和　我。
　　　jiějie　hé　wǒ.

姐姐 jiějie
和 hé [接]

王：你　爸爸　在　哪儿　工作？
　　Nǐ　bàba　zài　nǎr　gōngzuò?

工作 gōngzuò

铃木：我　爸爸　在　医院　工作，是　医生。
　　　Wǒ　bàba　zài　yīyuàn　gōngzuò,　shì　yīshēng.

医院 yīyuàn
医生 yīshēng

1 **你家在哪儿?**　　　　　　　あなたのおうちはどこにありますか。　　　■ **存在を表す "在"**

　　ここでの "在" は「…にある，存在する」という意味の動詞である。
"哪儿" は "哪里"(nǎli) とも。

我家在大阪。	Wǒ jiā zài Dàbǎn.	大阪 Dàbǎn
小王在这儿吗?	Xiǎo Wáng zài zhèr ma?	小 xiǎo〔接頭〕
		这儿 zhèr
她不在这儿。	Tā bú zài zhèr.	
老张在哪儿?	Lǎo Zhāng zài nǎr?	老 lǎo〔接頭〕
他在办公室。	Tā zài bàngōngshì.	办公室 bàngōngshì

A 80
場所を表す代詞

ここ	そこ・あそこ	どこ
这儿 zhèr 这里 zhèli	那儿 nàr 那里 nàli	哪儿 nǎr 哪里 nǎli

A 81

いくつかの都市名

札幌	仙台	横滨	名古屋	京都	神户	冈山	广岛	福冈	那霸
Zháhuǎng	Xiāntái	Héngbīn	Mínggǔwū	Jīngdū	Shénhù	Gāngshān	Guǎngdǎo	Fúgāng	Nàbà

北京	上海	天津	南京	杭州	香港	台北	伦敦	巴黎	罗马	纽约
Běijīng	Shànghǎi	Tiānjīn	Nánjīng	Hángzhōu	Xiānggǎng	Táiběi	Lúndūn	Bālí	Luómǎ	Niǔyuē

2 **你家有几口人?**　　　　　　お宅は何人家族ですか。　　　■ **所有・存在を表す "有"**
　　　　　　　　　　　　　　　　　　　　　　　　　　　　　　　■ **疑問代詞 "几" と "多少"**
　　"有" は所有・存在を表す。「…を持つ，…がある，…がいる」。否定　■ **量詞 (助数詞)**
には "没有"(méiyǒu) を用いる。"几" は疑問を表す数詞。10 ぐらい
までの数について「いくつ」と聞くのに用いる。"口" は家族の人数や
人口に用いる量詞。

房间里有几个人?	Fángjiān li yǒu jǐ ge rén?	房间 fángjiān
房间里有五个人。	Fángjiān li yǒu wǔ ge rén.	里 li
房间里没有人。	Fángjiān li méiyǒu rén.	个 ge
你们班有多少*学生?	Nǐmen bān yǒu duōshao xuésheng?	没有 méiyǒu
我们班有三十个学生。	Wǒmen bān yǒu sānshí ge xuésheng.	班 bān
		多少 duōshao

＊"多少" は "几" とは異なり，数の大小にかかわらず使うことができる。
また "多少" の後には量詞が省略されることが多い。なお，量詞は多く
"个"(gè─通常軽声 ge に発音される) が使われるが，名詞によっては
個別の量詞が用いられるので注意を要する。

よく使われる量詞

一 个 人	两 本 书	三 把 椅 子	四 张 纸	五 支 钢笔
yí ge rén	liǎng běn shū	sān bǎ yǐzi	sì zhāng zhǐ	wǔ zhī gāngbǐ
（1人の人）	（2冊の本）	（3脚のいす）	（4枚の紙）	（5本の万年筆）

六 头 牛	七 匹 马	这 件 衣 服	那 条 裤 子	
liù tóu niú	qī pǐ mǎ	zhè jiàn yīfu	nà tiáo kùzi	
（6頭の牛）	（7頭の馬）	（この服）	（そのズボン）	

3　你爸爸在哪儿工作?　　お父さんはどちらにお勤めですか。　　■ 介詞の "在"

ここでの "在" は介詞（前置詞）で, "在哪儿"（どこで）というフレーズが後続の動詞 "工作" を修飾している。

他在银行工作。	Tā zài yínháng gōngzuò.	银行 yínháng
中午在哪儿吃饭?	Zhōngwǔ zài nǎr chī fàn?	中午 zhōngwǔ
中午在食堂吃饭。	Zhōngwǔ zài shítáng chī fàn.	食堂 shítáng
他在什么地方等我们?	Tā zài shénme dìfang děng wǒmen?	地方 dìfang
他在车站等我们。	Tā zài chēzhàn děng wǒmen.	等 děng
		车站 chēzhàn

A 83

動詞と目的語の組み合わせ (2)

☐ 擦脸	cā liǎn	顔を拭く	☐ 看电影	kàn diànyǐng	映画を観る
☐ 吃药	chī yào	薬をのむ	☐ 看杂志	kàn zázhì	雑誌を読む
☐ 抽烟	chōu yān	たばこを吸う	☐ 骑自行车	qí zìxíngchē	自転車に乗る
☐ 穿鞋	chuān xié	靴を履く	☐ 刷牙	shuā yá	歯をみがく
☐ 打电话	dǎ diànhuà	電話をかける	☐ 送礼物	sòng lǐwù	贈り物をする
☐ 打乒乓球	dǎ pīngpāngqiú	卓球をする	☐ 踢足球	tī zúqiú	サッカーをする
☐ 带手表	dài shǒubiǎo	腕時計をはめる	☐ 听广播	tīng guǎngbō	放送を聴く
☐ 戴帽子	dài màozi	帽子をかぶる	☐ 问问题	wèn wèntí	質問する
☐ 喝酒	hē jiǔ	酒を飲む	☐ 洗脸	xǐ liǎn	顔を洗う
☐ 喝咖啡	hē kāfēi	コーヒーを飲む	☐ 写字	xiě zì	字を書く
☐ 寄信	jì xìn	手紙を出す	☐ 坐船	zuò chuán	船に乗る
☐ 讲故事	jiǎng gùshi	物語をする	☐ 做菜	zuò cài	料理をつくる
☐ 借钱	jiè qián	金を借りる			

1. 中国語で答えなさい。

(1) 你家在哪儿？　——————————————————————————————————

(2) 你家有几口人？　————————————————————————————————

(3) 你有妹妹吗？　————————————————————————————————

(4) 你爸爸在哪儿工作？　————————————————————————————

(5) 老师在哪儿？　————————————————————————————————

2. 同じ量詞を用いる理由を考えてみよう。

(1) 一把伞　　　　　一把椅子　
　　yì bǎ sǎn　　　　　　　　　　yì bǎ yǐzi

(2) 一张纸　　　　　一张桌子　
　　yì zhāng zhǐ　　　　　　　　yì zhāng zhuōzi

(3) 一条蛇　　　　　一条狗　
　　yì tiáo shé　　　　　　　　　yì tiáo gǒu

(4) 一座山　　　　　一座钟
　　yí zuò shān　　　　　　　　　yí zuò zhōng

(5) 两节车厢　　　　　　　　　　　三节课
　　liǎng jié chēxiāng　　　　　　sān jié kè
　　　　　　　　　　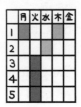

第 **6** 课　你喝什么茶？

Dì liù kè　　Nǐ hē shénme chá?

生词 shēngcí　　

王 ： 你　喝　茶，还是　喝　咖啡？
　　　Nǐ　hē　chá,　háishi　hē　kāfēi?

还是 háishi

铃木： 我　喝　茶，你　呢？
　　　Wǒ　hē　chá,　nǐ　ne?

呢 ne

王 ： 我　也　喝　茶。
　　　Wǒ　yě　hē　chá.

铃木： 你　喝　什么　茶？
　　　Nǐ　hē　shénme　chá?

王 ： 我　喝　花茶，你　也　喝　吗？
　　　Wǒ　hē　huāchá,　nǐ　yě　hē　ma?

花茶 huāchá

铃木： 我　不　喝，我　喝　乌龙茶。
　　　Wǒ　bù　hē,　wǒ　hē　wūlóngchá.

乌龙茶 wūlóngchá

ポイント

1 你喝茶，还是喝咖啡？ あなたはお茶を飲みますか，それとも
コーヒーを飲みますか。

"还是"は接続詞。"A 还是 B"で，「Aか，それともBか」という選択疑問文を作る。

你去，还是我去？	Nǐ qù, háishi wǒ qù?	
你买这个，还是买那个？	Nǐ mǎi zhège, háishi mǎi nàge?	买 mǎi
这是你的还是他的？	Zhè shì nǐ de háishi tā de?	
今天星期三还是星期四？	Jīntiān xīngqīsān háishi xīngqīsì?	

2 我喝茶，你呢？ わたしはお茶を飲みますが，あなたは？

"你呢?"は提示した内容を受けて，その事について「あなたは？」と聞く場合に用いる。

我买这个，你呢？	Wǒ mǎi zhège, nǐ ne?	
我不要，你呢？	Wǒ bú yào, nǐ ne?	要 yào
你们都去，他呢？	Nǐmen dōu qù, tā ne?	
你弟弟呢？*	Nǐ dìdi ne?	

＊この文は相手の弟の姿がその場に見えないことを前提にして，「弟さんは？」と聞いている。

3 我不喝。 わたしは飲みません。

"不"は動詞や形容詞の前に用いて否定を表す。

我不喝咖啡。	Wǒ bù hē kāfēi.	
我不买这个。	Wǒ bù mǎi zhège.	
他明天不上学。	Tā míngtiān bú shàngxué.	上学 shàng//xué
她不是我妹妹。	Tā bú shì wǒ mèimei.	
这个贵，那个不贵。	Zhège guì, nàge bú guì.	
今天不冷。	Jīntiān bù lěng.	

日本の漢字と中国の漢字

＊見分けられますか。上が現代の中国の漢字，下が日本の常用漢字です。

| 鼻 | 边 | 步 | 查 | 差 | 带 | 单 | 对 | 骨 | 画 | 角 | 卷 | 两 |
| 鼻 | 辺 | 歩 | 査 | 差 | 帯 | 単 | 対 | 骨 | 画 | 角 | 巻 | 両 |

| 免 | 脑 | 器 | 浅 | 强 | 收 | 团 | 效 | 修 | 压 | 应 | 与 | 直 |
| 免 | 脳 | 器 | 浅 | 強 | 収 | 団 | 効 | 修 | 圧 | 応 | 与 | 直 |

42 —— 第6课　你喝什么茶？

你喝什么?

Nǐ hē shénme?

—— 我喝红茶。

—— Wǒ hē hóngchá.

咖啡
kāfēi

可乐
kělè

牛奶
niúnǎi

啤酒
píjiǔ

你吃什么?

Nǐ chī shénme?

—— 我吃米饭。

—— Wǒ chī mǐfàn.

面包
miànbāo

面条儿
miàntiáor

饺子
jiǎozi

包子
bāozi

A 91

1. 中国語で答えなさい。

(1) 你喝咖啡，还是喝红茶？ _____

(2) 我喝咖啡，你呢？ _____

(3) 你喝什么茶？ _____

(4) 你去，还是他去？ _____

(5) 你买这个，还是买那个？ _____

2. 中国語で言いなさい。

(1) わたしはコーヒーを飲みません。

_____

(2) 父はたばこを吸いません。

_____

(3) 彼女はわたしの妹ではありません。

_____

(4) きょうは彼は来ません。

_____

(5) きょうはそれほど寒くありません。

_____

主な標点符号（句読点）

。	句号	（jùhào）	文の終わりに用いる。句点（くてん）。
？	问号	（wènhào）	疑問文や反語文の終わりに用いる。疑問符。
！	叹号	（tànhào）	強い感嘆を示す。感嘆符。
，	逗号	（dòuhào）	文中の区切りに用いる。読点（とうてん）。
、	顿号	（dùnhào）	文中の単語・連語の並列に用いる。中黒。
：	冒号	（màohào）	文の提示に用いる。コロン。
；	分号	（fēnhào）	節と節との並列に用いる。セミコロン。
" "	引号	（yǐnhào）	引用を示す。
《 》	书名号	（shūmínghào）	書名を示す。

第7课　我跟你一起去

Dì qī kè　　Wǒ gēn nǐ yìqǐ qù

铃木：你　去　哪儿？
　　　Nǐ　qù　nǎr?

王　：我　去　公园。　　　　　　　　　　公园 gōngyuán
　　　Wǒ　qù　gōngyuán.

铃木：去　公园　干　什么？　　　　　　　干 gàn
　　　Qù　gōngyuán　gàn　shénme?

王　：去　公园　打　太极拳。　　　　　　打 dǎ
　　　Qù　gōngyuán　dǎ　tàijíquán.　　　　太极拳 tàijíquán

铃木：我　不　会　打　太极拳，跟　你　　会 huì
　　　Wǒ　bú　huì　dǎ　tàijíquán,　gēn　nǐ　跟 gēn

　　　一起　去，可以　吗？　　　　　　　一起 yìqǐ
　　　yìqǐ　qù,　kěyǐ　ma?　　　　　　　　可以 kěyǐ

王　：可以，我们　一块儿　去　吧。　　　一块儿 yíkuàir
　　　Kěyǐ,　wǒmen　yíkuàir　qù　ba.

ポイント

1 去公园干什么?

公園に行って何をしますか。

■ 連動文

"去公园"（公園に行く）と"干什么"（何をするか）という2つの動詞フレーズが動作・行為が行われる順に並べられている。この文は「公園へ何をしに行くか」と訳すこともできるが，中国語としては動作・行為が発生する順に表現するのが原則である。

去食堂吃饭	qù shítáng chī fàn
去图书馆看书	qù túshūguǎn kàn shū
去商店买东西	qù shāngdiàn mǎi dōngxi
去医院看朋友	qù yīyuàn kàn péngyou
骑自行车上班	qí zìxíngchē shàngbān
坐飞机回国	zuò fēijī huí guó

图书馆 túshūguǎn
商店 shāngdiàn
东西 dōngxi
朋友 péngyou
上班 shàng//bān
坐 zuò
回国 huí guó

2 我不会打太极拳。

わたしは太極拳ができません。

■ 助動詞 "会"；…できる

スポーツや外国語など練習によって会得する技術について「できる」ことをいうには助動詞 "会" を用いる。

你会说汉语吗?	Nǐ huì shuō Hànyǔ ma?
我会说汉语。	Wǒ huì shuō Hànyǔ.
我不会说法语。	Wǒ bú huì shuō Fǎyǔ.
我会滑冰，不会滑雪。	Wǒ huì huábīng, bú huì huáxuě.

说 shuō

滑冰 huá//bīng
滑雪 huá//xuě

■ 助動詞 "能"；…できる

単にできるかできないかをいうのではなく，どの程度できるかをいうには助動詞 "能"(néng) を用いる。

我能看中文书。	Wǒ néng kàn Zhōngwén shū.
我不能听中文广播。	Wǒ bù néng tīng Zhōngwén guǎngbō.
我会游泳，能游五百米。	Wǒ huì yóuyǒng, néng yóu wǔbái mǐ.

能 néng
中文书 Zhōngwén shū
中文广播
　　　　　Zhōngwén guǎngbō
游泳 yóu//yǒng
游 yóu
米 mǐ

3 我跟你一起去。

わたしはあなたといっしょに行きます。

■ 介詞 "跟" "和"；…と，…に

"跟" は介詞。動作・行為を共にする相手を導く。"和"(hé) とも。"一起" は副詞。「共に，いっしょに」，"一块儿" とも。

我跟妈妈去买东西。	Wǒ gēn māma qù mǎi dōngxi.
我跟他一块儿去。	Wǒ gēn tā yíkuàir qù.
我和姐姐一起去旅游。	Wǒ hé jiějie yìqǐ qù lǚyóu.

和 hé〔介〕
旅游 lǚyóu

否定には "不" を "跟" または "和" の前に置く。

我不跟他一块儿去。	Wǒ bù gēn tā yíkuàir qù.
我不和你一起去旅行。	Wǒ bù hé nǐ yìqǐ qù lǚxíng.

旅行 lǚxíng

A 95

他在干什么?
Tā zài gàn shénme?

——他在打乒乓球。
——Tā zài dǎ pīngpāngqiú.

打羽毛球
dǎ yǔmáoqiú

打网球
dǎ wǎngqiú

打篮球
dǎ lánqiú

踢足球
tī zúqiú

A 96

你去哪儿?
Nǐ qù nǎr?

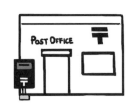

——我去邮局。
——Wǒ qù yóujú.

银行
yínháng

超市
chāoshì

动物园
dòngwùyuán

车站
chēzhàn

1. 中国語で答えなさい。

(1) 你去哪儿?　　　　　　　　　　　　　　　　　　　　　　　　　　　　

(2) 去图书馆干什么?　　　　　　　　　　　　　　　　　　　　　　　　　

(3) 去商店干什么?　　　　　　　　　　　　　　　　　　　　　　　　　　

(4) 去食堂干什么?　　　　　　　　　　　　　　　　　　　　　　　　　　

(5) 去医院干什么?　　　　　　　　　　　　　　*"看病"(kàn//bìng)

2. 中国語で言いなさい。

(1) わたしは公園に行って散歩[*]します。　　　　　　*散歩する：散步 sàn//bù

(2) わたしはバスで[*]通学します。　　　　　*バスに乗る：坐公交车 zuò gōngjiāochē

(3) 父は自転車で通勤します。

(4) わたしは母といっしょに買い物に行きます。

(5) 彼はわたしたちといっしょに遊び[*]ません。　　　　　　*遊ぶ：玩儿 wánr

3. (　)内に"会"または"能"を入れて文を完成しなさい。

(1) 你(　　　　)打网球吗?

(2) 我不(　　　　)打网球,(　　　　)打乒乓球。

(3) 你(　　　　)说英语吗?

(4) 你(　　　　)看英文小说[*]吗?　　　　　　　　*小说 xiǎoshuō：小说

(5) 我不(　　　　)看英文小说。

第8课 田中来了吗?

Dì bā kè　　Tiánzhōng lái le ma?

B 2·3

生词 shēngcí　　B 1

王 ： 田中　来　了　吗?
　　　Tiánzhōng　lái　le　ma?

了 le

铃木： 来　了。
　　　Lái　le.

王 ： 玛丽　也　来　了　吗?
　　　Mǎlì　yě　lái　le　ma?

铃木： 她　还　没　来。
　　　Tā　hái　méi　lái.

还 hái
没 méi

王 ： 怎么　还　没　来?
　　　Zěnme　hái　méi　lái?

怎么 zěnme

铃木： 不　知道。我　给　她　打　电话　吧。
　　　Bù　zhīdào.　Wǒ　gěi　tā　dǎ　diànhuà　ba.

知道 zhīdào/zhīdao
给 gěi [介]

Tiánzhōng lái le ma? ── 49

ポイント

1 田中来了吗?　　　　　　　田中さんは来ましたか。　　　　　■ "了";動作の完了・状態
　　　　　　　　　　　　　　　　　　　　　　　　　　　　　　の変化を表す

　動詞の後ろに付いた"了"は動作・行為の完了を表す。
　文末に置かれた"了"は動作・行為が完了し，新しい状況が発生し
ていることを表す。しばしば"已经"(yǐjīng)と呼応して用いられる。

我买了三本书。	Wǒ mǎile sān běn shū.
他们走了吗?	Tāmen zǒu le ma?
他们走了。	Tāmen zǒu le.
你吃饭了吗?	Nǐ chī fàn le ma?
我已经吃饭了。	Wǒ yǐjīng chī fàn le.

走 zǒu

已经 yǐjīng

2 她还没来。　　　　　　　彼女はまだ来ていません。　　　　■ 副詞 "没" "没有"
　　　　　　　　　　　　　　　　　　　　　　　　　　　　　　■ "还"(1)

　動詞を打ち消し動作・行為が行われなかったことやまだ実現してい
ないことをいうには，副詞"没"または"没有"(méiyou)を用いる。
「まだ(…していない)」ということを強調するために，しばしば副詞
"还"を伴う。

昨天她没来。	Zuótiān tā méi lái.
他们还没走。	Tāmen hái méi zǒu.
我还没吃饭。	Wǒ hái méi chī fàn.
我还没有洗澡。	Wǒ hái méiyou xǐzǎo.
我还没有买票。	Wǒ hái méiyou mǎi piào.

没有 méiyou
洗澡 xǐ//zǎo
票 piào

3 怎么还没来?　　　　　　　どうしてまだ来ていないのですか。　　■ "怎么"の2つの用法

　"怎么"は「なぜ，どうして」という意味で，原因や理由をたずねる
のに使われる。

她怎么还没回来?	Tā zěnme hái méi huílai?
你今天怎么没上班?	Nǐ jīntiān zěnme méi shàngbān?
你怎么不吃饭?	Nǐ zěnme bù chī fàn?

回来 huílai

　"怎么"はまた「どう，どのように」と方式や方法をたずねる場合に
も使われる。

这个字怎么念?	Zhège zì zěnme niàn?
去邮局怎么走?	Qù yóujú zěnme zǒu?
这句话怎么翻译?	Zhè jù huà zěnme fānyì?

念 niàn
句 jù
话 huà
翻译 fānyì

4 我给她打电话吧。　　　彼女に電話を掛けましょう。　　　■ "给"；動詞と介詞

"给"は「(…に…を) 与える」という意味の動詞であるが，ここでは
動作・行為の相手を示す介詞として用いられている。

我给你一本书。	[動詞]	Wǒ gěi nǐ yì běn shū.
她给我一件礼物。	[動詞]	Tā gěi wǒ yí jiàn lǐwù.
我给她写信。	[介詞]	Wǒ gěi tā xiě xìn.
我给家里打电话。	[介詞]	Wǒ gěi jiāli dǎ diànhuà.
妈妈给女儿收拾房间。	[介詞]	Māma gěi nǚ'ér shōushi fángjiān.

礼物 lǐwù
写 xiě
信 xìn
家里 jiāli
女儿 nǚ'ér
收拾 shōushi

B 4

補充語句

她在干什么？
Tā zài gàn shénme?

——她在看电视。
——Tā zài kàn diànshì.

做作业
zuò zuòyè

打扫房间
dǎsǎo fángjiān

听音乐
tīng yīnyuè

写信
xiě xìn

打网球
dǎ wǎngqiú

聊天儿
liáo//tiānr

1. 中国語で答えなさい。

(1) 他来了吗?

(2) 佐藤也来了吗?

(3) 他们都来了吗?

(4) 你吃饭了吗?

(5) 爸爸回来了吗?

2. 中国語で言いなさい。

(1) 彼らはみな出かけました。

(2) 張さんは帰国しました。

(3) あなたはきのうなぜ学校を休んだのですか。

(4) あなたはどうしてこれを買わないのですか。

(5) 公園へはどう行きますか。

(6) この字は pǎo と読みます。　　　跑

(7) わたしはまだ宿題をしていません。

(8) わたしはまだその映画を観ていません。

(9) わたしはあなたに万年筆をあげます。

(10) お母さんは娘にお話をしてやります。

第 9 课　你看过这本书吗?

B 7·8

生词 shēngcí　B 6

铃木：你　看过　这　本　书　吗?
　　　Nǐ　kànguo　zhè　běn　shū　ma?

过 guo

王　：看过。
　　　Kànguo.

铃木：看过　几　遍?
　　　Kànguo　jǐ　biàn?

遍 biàn

王　：看过　两　遍。
　　　Kànguo　liǎng　biàn.

铃木：写得　怎么样?
　　　Xiěde　zěnmeyàng?

得 de
怎么样 zěnmeyàng

王　：写得　很　好，　非常　有　意思。
　　　Xiěde　hěn　hǎo,　fēicháng　yǒu　yìsi.

非常 fēicháng
有意思 yǒu yìsi

　　　你　也　看看　吧。
　　　Nǐ　yě　kànkan　ba.

ポイント

1 你看过这本书吗？　　　　あなたはこの本を読んだことがありますか。　　■ 過去の経験を表す"过"

"过"は動詞の後に付いて動作・行為が過去に発生したことを示す。動作・行為がまだ発生していないことをいうには，"没"または"没有"を用いて否定する。

你看过中国电影吗？	Nǐ kànguo Zhōngguó diànyǐng ma?
——看过。	——Kànguo.
——还没看过。	——Hái méi kànguo.
你吃过北京烤鸭吗？	Nǐ chīguo Běijīng kǎoyā ma?
——吃过。	——Chīguo.
——还没有吃过。	——Hái méiyou chīguo.

烤鸭 kǎoyā

2 看过几遍？ —— 看过两遍。　　何回読みましたか。—— 2回読みました。　　■ 動作の回数を表す "遍" と "次"

"遍"は動作・行為の回数を数えるのに用いるが，"次"(cì) が単に試みた回数をいう (最後までやり通したかどうかは問題にしていない) のに対して，"遍"は初めから終わりまで一通り行うことをいうのに用いる。

这句话请你再念一遍。	Zhè jù huà qǐng nǐ zài niàn yí biàn.
这本小说我看了两次，可是没看完。	Zhè běn xiǎoshuō wǒ kànle liǎng cì, kěshì méi kànwán.

再 zài
次 cì
可是 kěshì
看完 kànwán

3 写得怎么样？　　　　出来はどんなですか。　　■ 疑問詞 "怎么样"

"怎么样"は人や事物の性質・状態がどのようであるかを聞くのに用いる。

你身体怎么样？	Nǐ shēntǐ zěnmeyàng?
他的汉语怎么样？	Tā de Hànyǔ zěnmeyàng?
这件衣服怎么样？	Zhè jiàn yīfu zěnmeyàng?

身体 shēntǐ

件 jiàn

4 写得很好，非常有意思。　　よく書けていて，とても面白い。　　■ 補語を導く "得"

"得"は動詞または形容詞の後に付き，その動作・状態の程度がどのようであるかを表す。

你说得很快。	Nǐ shuōde hěn kuài.
她唱得很好。	Tā chàngde hěn hǎo.
他跑得快吗？	Tā pǎode kuài ma?
今天天气热得很厉害。	Jīntiān tiānqì rède hěn lìhai.

跑 pǎo

厉害 lìhai

動詞が目的語を伴う場合は，動詞を繰り返し，繰り返した後の動詞に"得"を加える。

他唱歌唱得很好。	Tā chàng gē chàngde hěn hǎo.
你说汉语说得不错。	Nǐ shuō Hànyǔ shuōde búcuò.
她写字写得很漂亮。	Tā xiě zì xiěde hěn piàoliang.

不错 búcuò

漂亮 piàoliang

5 你也看看吧。 あなたも読んでごらんなさい。 ■ 動詞の重ね型

"看看"は動詞を重ねて用いることによって，その動作・行為が軽い試みであることを表している。☞第11課ポイント**1**参照。

補充語句 我的一天
wǒ de yìtiān

起床
qǐ//chuáng

洗 脸
xǐ liǎn

锻炼 身体
duànliàn shēntǐ

吃 早饭
chī zǎofàn

上学
shàng//xué

上课
shàng//kè

吃 午饭
chī wǔfàn

放学
fàng//xué

吃 晚饭
chī wǎnfàn

洗澡
xǐ//zǎo

上网
shàng//wǎng

睡觉
shuì//jiào

B
10

1. 中国語で答えなさい。

(1) 你看过这部电影吗? _____ *"部"(bù)

(2) 看过几遍? _____

(3) 这部电影有意思吗? _____

(4) 你身体怎么样? _____

(5) 他的汉语怎么样? _____

2. 中国語で言いなさい。

(1) あなたは中国に行ったことがありますか。

_____

(2) 何回行ったことがありますか。

_____

(3) あなたは中国語の放送を聴いたことがありますか。

_____

(4) あなたは中国語の歌を歌ったことがありますか。

_____

(5) あなたは中国語の新聞を読んだことがありますか。

_____

(6) 兄は食べるのが速い。

_____

(7) 妹は食べるのが遅い。

_____

(8) 母は起きるのが早い。

_____

(9) 父は寝るのが遅い。

_____

(10) 彼女は絵が上手だ。

_____

第10课　外边还下着雨吗?

B 12·13

生词 shēngcí　　B 11

铃木: 外边　还　下着　雨　吗?
Wàibian　hái　xiàzhe　yǔ　ma?

王 : 不　下　了。
Bú　xià　le.

铃木: 在　刮　风　吗?
Zài　guā　fēng　ma?

王 : 风　也　已经　停　了。
Fēng　yě　yǐjīng　tíng　le.

铃木: 那　我们　吃了　饭　就　走　吧。
Nà　wǒmen　chīle　fàn　jiù　zǒu　ba.

王 : 好　吧。
Hǎo　ba.

外边 wàibian
下雨 xià yǔ
着 zhe

刮风 guā fēng

停 tíng

就 jiù

ポイント

1 外边还下着雨吗? 　　　　外はまだ雨が降っていますか。

> **■** 持続を表す"着"
> **■** "下雨""刮风";自然現象の表現

"着"は動詞の後に付いて動作や状態の持続を表す。
　なお，"下雨"や"刮风"のように自然現象をいう表現では，動詞を先に言ってから，その現象にあずかっているものを言う。
　"还"は「なお，やはり，相変わらず」☞第12課ポイント**2**参照。

桌子上放着很多书。	Zhuōzi shang fàngzhe hěn duō shū.	上 shang
她穿着一件红色的毛衣。	Tā chuānzhe yí jiàn hóngsè de máoyī.	放 fàng
北京冬天下雪吗?	Běijīng dōngtiān xià xuě ma?	穿 chuān
刮大风了。	Guā dàfēng le.	红色 hóngsè
		大风 dàfēng

2 我们吃了饭就走吧。 　　　わたしたちは食事が済んだらすぐ出かけましょう。

> **■** 副詞"就";…したらすぐに

"就"にはいくつかの用法があるが，ここでは完了を表す"吃了饭"の後に用い，「(…し次第)すぐに」という意味を表している。

下了飞机，他就去公司了。	Xiàle fēijī, tā jiù qù gōngsī le.	下 xià
看了电影，我们就回家了。	Kànle diànyǐng, wǒmen jiù huí jiā le.	公司 gōngsī
放了学，我就回来了。	Fàngle xué, wǒ jiù huílai le.	回家 huí jiā

B **14**

補充語句　　気象・天体

刮 风
guā fēng

下 雨
xià yǔ

下 雪
xià xuě

打雷
dǎ//léi

太阳
tàiyang

月亮
yuèliang

星星
xīngxing

云彩
yúncai

疑問文のまとめ

(1) "吗" を用いる疑問文

这是你的书吗？　　　　　　　Zhè shì nǐ de shū ma?

你有电脑吗？　　　　　　　　Nǐ yǒu diànnǎo ma?

你今天上学吗？　　　　　　　Nǐ jīntiān shàngxué ma?

(2) 肯定形＋否定形の反復疑問文

你去不去？　　　　　　　　　Nǐ qù bu qù?

你学习忙不忙？　　　　　　　Nǐ xuéxí máng bu máng?

她是不是你们的老师？　　　　Tā shì bu shì nǐmen de lǎoshī?

你明天回国，是不是？　　　　Nǐ míngtiān huí guó, shì bu shì?

这儿有没有电脑？　　　　　　Zhèr yǒu méi yǒu diànnǎo?

(3) "没有" を用いる疑問文

那个电影真好，你看过没有？　Nàge diànyǐng zhēn hǎo, nǐ kànguo méiyou?

中午吃了没有？　　　　　　　Zhōngwǔ chīle méiyou?

(4) 疑問詞を用いる疑問文

这是什么？　　　　　　　　　Zhè shì shénme?

那是谁的手机？　　　　　　　Nà shì shéi de shǒujī?

哪位老师教你们？　　　　　　Nǎ wèi lǎoshī jiāo nǐmen?

他们是从哪儿来的？　　　　　Tāmen shì cóng nǎr lái de?

你要几个面包？　　　　　　　Nǐ yào jǐ ge miànbāo?

你们学校有多少学生？　　　　Nǐmen xuéxiào yǒu duōshao xuésheng?

这句话怎么翻译好？　　　　　Zhè jù huà zěnme fānyì hǎo?

你怎么来得这么晚呢？　　　　Nǐ zěnme láide zhème wǎn ne?

他说汉语说得怎么样？　　　　Tā shuō Hànyǔ shuōde zěnmeyàng?

(5) "还是" を用いた選択疑問文

你喜欢北京，还是喜欢上海？　Nǐ xǐhuan Běijīng, háishi xǐhuan Shànghǎi?

是你去，还是我去？　　　　　Shì nǐ qù, háishi wǒ qù?

(6) "吧" を用いた推測疑問文

你是上海人吧？　　　　　　　Nǐ shì Shànghǎirén ba?

你已经会说了吧？　　　　　　Nǐ yǐjīng huì shuō le ba?

(7) "呢" を用いた省略型疑問文

我去买东西，你呢？　　　　　Wǒ qù mǎi dōngxi, nǐ ne?

你的帽子呢？　　　　　　　　Nǐ de màozi ne?

B
16

1. 中国語で答えなさい。

(1) 外边下着雨吗?　　——————————————————————————————

(2) 外边在刮风吗?　　——————————————————————————————

(3) 雨停了吗?　　　　——————————————————————————————

(4) 东京冬天下雪吗?　——————————————————————————————

(5) 今天冷不冷?　　　——————————————————————————————

(6) 她是不是你的妹妹?　————————————————————————————

(7) 这是谁的词典?　　——————————————————————————————

(8) 你们班有多少学生?　————————————————————————————

(9) 你坐车去，还是骑自行车去?　——————————————————————

(10) 下午我去游泳，你呢?　————————————————————————————

2. 中国語で言いなさい。

(1) 外はまだ雪が降っています。

　　　　　　　　　　————————————————————————————————

(2) 夜中*に大風が吹いた。　　　　　　　　　　　　　＊夜中：夜里 yèli

　　　　　　　　　　————————————————————————————————

(3) 机の上に辞書が 2 冊置いてある。

　　　　　　　　　　————————————————————————————————

(4) 彼女は緑色*のスカート*をはいている。　＊緑色：绿色 lǜsè　　スカート：裙子 qúnzi

　　　　　　　　　　————————————————————————————————

(5) 雨がやんだらすぐ出かけましょう。

　　　　　　　　　　————————————————————————————————

第11课　我去看一看

Dì shíyī kè　　Wǒ qù kànyikan

B 18·19

生词 shēngcí　B 17

铃木： 张　老师　在　吗？
Zhāng　lǎoshī　zài　ma?

师母： 请　你　等一等，我　去　看一看。
Qǐng　nǐ　děngyideng,　wǒ　qù　kànyikan.

师母 shīmǔ

铃木： 谢谢！
Xièxie!

师母： 他　出去　了，你　有　什么　事？
Tā　chūqu　le,　nǐ　yǒu　shénme　shì?

出去 chūqu
事 shì

铃木： 我　下　星期　要　回　日本，想　跟
Wǒ　xià　xīngqī　yào　huí　Rìběn,　xiǎng　gēn

下星期 xià xīngqī
要 yào
回 huí
想 xiǎng
告别 gào//bié

老师　告别。
lǎoshī　gàobié.

师母： 那　你　晚上　再　给　他　打　一　次　吧。
Nà　nǐ　wǎnshang　zài　gěi　tā　dǎ　yí　cì　ba.

ポイント

1 请你等一等，我去看一看。　ちょっとお待ちください，見に行ってきますから。 ■ V(一)V：試みの動作の表現

　“等一等”や“看一看”のように動詞を重ねて用いると，動作・行為が短い時間内に軽い試みとして行われることを表す。“等等”“看看”のように，間に置かれる“一”は省略してもかまわない。なお，“休息”や“商量”のように2音節からなる動詞の場合は，間に“一”を挟むことはできない。

我们去听（一）听吧。	Wǒmen qù tīng(yi)ting ba.	
你们试（一）试。	Nǐmen shì(yi)shi.	试 shì
大家休息休息吧。	Dàjiā xiūxixiūxi ba.	休息 xiūxi
我想和你商量商量。	Wǒ xiǎng hé nǐ shāngliangshāngliang.	商量 shāngliang

2 我下星期要回日本。　わたしは来週日本に帰る予定です。 ■ 動詞“要”と助動詞“要”

　“要”は「要る，欲しい」という動詞としてのほか，助動詞として「…する（予定である），…したい，…しなければならない」などの意味で用いられる。

我要这个。	［動詞］	Wǒ yào zhège.
你要不要今天晚上的电影票？		Nǐ yào bu yào jīntiān wǎnshang de
	［動詞］	diànyǐng piào?
我要去看电影。	［助動詞］	Wǒ yào qù kàn diànyǐng.
我明天要回国。	［助動詞］	Wǒ míngtiān yào huí guó.
明天我要来吗？	［助動詞］	Míngtiān wǒ yào lái ma?

3 我想跟老师告别。　わたしは先生にお別れのあいさつをしたい。 ■ “想”の助動詞的用法

　ここでの“想”は動詞または動詞フレーズを目的語にとり，「…しようと考えている，…するつもりである」と助動詞的に使われている。

他放假以后想回国。	Tā fàngjià yǐhòu xiǎng huí guó.	放假 fàng//jià
今年五月，我想去杭州旅行。	Jīnnián wǔyuè, wǒ xiǎng qù	
	Hángzhōu lǚxíng.	
下午，你想不想去打网球？		
	Xiàwǔ, nǐ xiǎng bu xiǎng qù dǎ wǎngqiú?	
我今天不想去打网球。	Wǒ jīntiān bù xiǎng qù dǎ wǎngqiú.	

4 你晚上再给他打一次吧。　　晚に彼にもう一度かけてください。

"再"は動詞の前に用いてその動作・行為が繰り返されることを表す。「(…してから) また, もう一度, 重ねて」。

你明天再来吧。	Nǐ míngtiān zài lái ba.	
我想一想再回答。	Wǒ xiǎngyixiang zài huídá.	回答 huídá
请您再说一遍。	Qǐng nín zài shuō yí biàn.	
你明天再来一次吧。	Nǐ míngtiān zài lái yí cì ba.	
我想再去一趟。	Wǒ xiǎng zài qù yí tàng.	趟 tàng

一方, すでに行われた動作・行為が繰り返されたことをいうには "又" (yòu) を用いる。

他昨天来过，今天又来了。	Tā zuótiān láiguo, jīntiān yòu lái le.	又 yòu
今天又下雨了。	Jīngtiān yòu xià yǔ le.	
她又生气了。	Tā yòu shēngqì le.	生气 shēng//qì

B 20

補充語句

这是什么动作?

站
zhàn

坐
zuò

蹲
dūn

躺
tǎng

跳
tiào

B 21

身体部位

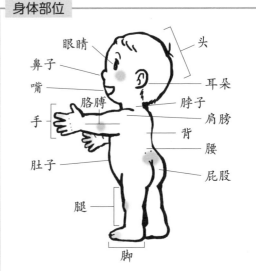

1 头	tóu	9 手	shǒu
2 眼睛	yǎnjing	10 肚子	dùzi
3 耳朵	ěrduo	11 背	bèi
4 鼻子	bízi	12 腰	yāo
5 嘴	zuǐ	13 屁股	pìgu
6 脖子	bózi	14 腿	tuǐ
7 肩膀	jiānbǎng	15 脚	jiǎo
8 胳膊	gēbo		

1. 中国語で答えなさい。

　(1) 你爸爸在家吗?

　(2) 他回来了吗?

　(3) 他什么时候*回来?　　　　　　　　　　　　　　　　　　　＊"时候"(shíhou)

　(4) 你什么时候要回国?

　(5) 你有什么事?

2. 中国語で言いなさい。

　(1) どうぞお試しください。

　(2) どうぞ召し上がって*みてください。　　　　　　　　　　　　＊召し上がる：尝 cháng

　(3) わたしはセーターを 1 枚買いたい。

　(4) 午後，わたしは映画を観に行きたい。

　(5) わたしは母といっしょに行きたい。

　(6) わたしは家に電話をかけたい。

　(7) もう一度読んでください。

　(8) あさってまた出直して来ます。

　(9) 彼はまた出かけた。

　(10) きょうまた雨が降った。

B 24·25

王 ： 你　快要　回　国　了！
Nǐ　kuàiyào　huí　guó　le!

快要 kuàiyào

铃木：对，我　后天　出发。
Duì,　wǒ　hòutiān　chūfā.

出发 chūfā

王 ： 你　回　国　以后　还　学习　汉语　吗？
Nǐ　huí　guó　yǐhòu　hái　xuéxí　Hànyǔ　ma?

铃木：那　当然！
Nà　dāngrán!

当然 dāngrán

王 ： 你　毕业　以后　打算　做　什么　工作？
Nǐ　bìyè　yǐhòu　dǎsuan　zuò　shénme　gōngzuò?

毕业 bì//yè
打算 dǎsuan

铃木：我　想　当　汉语　老师。
Wǒ　xiǎng　dāng　Hànyǔ　lǎoshī.

当 dāng

ポイント

1 你快要回国了！　もうすぐご帰国ですね。

■ "快要…了"

"快要…了"は「まもなく…する，すぐに…になる」と動作・行為が
目前に迫っていることをいうのに用いられる。

我们快要毕业了。	Wǒmen kuàiyào bìyè le.
她快要结婚了。	Tā kuàiyào jiéhūn le.
国庆节快要到了。	Guóqìng Jié kuàiyào dào le.

结婚 jié//hūn
国庆节 Guóqìng Jié
到 dào

2 你回国以后还学习汉语吗？　あなたは帰国後も続けて中国語を勉強しますか。

■ "还"⑵；なお，やはり，相変わらず

第8課で否定詞"没""没有"の前に用いて「まだ（…していない）」
という意味を表す"还"の使い方を学んだが，"还"はまた，動作・行
為が引き続き行われること，または同じ状況が相変わらず存在するこ
とを表す。

我姐姐还在上海。	Wǒ jiějie hái zài Shànghǎi.
弟弟还在做作业呢。	Dìdi hái zài zuò zuòyè ne.
她还那么年轻。	Tā hái nàme niánqīng.

那么 nàme
年轻 niánqīng

3 你毕业以后打算做什么工作？　あなたは卒業後どんな仕事をするつもりですか。

■ "打算"；…するつもりだ
■ 動詞（句）を目的語にとる動詞

"打算"は第11課で学んだ"要"や"想"と同じく「…するつもり
である，…する予定である」と助動詞的に使われる。

我打算明年去中国留学。	Wǒ dǎsuan míngnián qù Zhōngguó liúxué.
你打算怎么过春节？	Nǐ dǎsuan zěnme guò Chūnjié?
这星期天我打算去看京剧。	Zhè xīngqītiān wǒ dǎsuan qù kàn jīngjù.

留学 liú//xué
过 guò
春节 Chūnjié
京剧 jīngjù

4 我想当汉语老师。　わたしは中国語の教師になりたい。

■ "当"；職に就く，役割を担う

"当"はある職業に就く，ある任務・役割を担うことを表す。

我想当电影演员。	Wǒ xiǎng dāng diànyǐng yǎnyuán.
这次开会，谁当主席？	Zhè cì kāihuì, shéi dāng zhǔxí?
同学们选他当班长*。	Tóngxuémen xuǎn tā dāng bānzhǎng.

演员 yǎnyuán
开会 kāi//huì
主席 zhǔxí
同学们 tóngxuémen
选 xuǎn
班长 bānzhǎng

*この文は兼語文である。☞第4課ポイント 3

補充語句

毕业以后，你想做什么工作？　　　——我想当＿＿＿＿＿＿＿＿。
Bìyè yǐhòu, nǐ xiǎng zuò shénme gōngzuò?　　Wǒ xiǎng dāng ＿＿＿＿＿＿＿＿.

保育员
bǎoyùyuán

编辑
biānjí

厨师
chúshī

翻译
fānyì

飞行员
fēixíngyuán

歌手
gēshǒu

工程师
gōngchéngshī

护士
hùshi

画家
huàjiā

空中小姐
kōngzhōng xiǎojiě

记者
jìzhě

律师
lùshī

设计师
shèjìshī

司机
sījī

演员
yǎnyuán

医生
yīshēng

运动员
yùndòngyuán

作家
zuòjiā

1. 中国語で答えなさい。

(1) 你什么时候要回国？

(2) 你回国以后还学习汉语吗？

(3) 你快要毕业了！

(4) 你毕业以后打算做什么工作？

(5) 你打算怎么过暑假？　　　　　　　　　　　　　　　　　　　　　＊"暑假"(shǔjià)

2. 中国語で言いなさい。

(1) 彼らはもうすぐ結婚します。

(2) 父はまだ寝ています。

(3) 弟はまだ外で遊んでいる。

(4) わたしは来年ヨーロッパへ旅行するつもりです。　　　＊ヨーロッパ：欧洲 Ōuzhōu

(5) あなたはどんな仕事をしたいですか。

(6) わたしは歌手になりたい。

(7) わたしは画家になりたい。

(8) わたしは客室乗務員になりたい。

(9) わたしはエンジニアになりたい。

(10) わたしは弁護士になりたい。

小 辞 典

中検準4級レベルの学習者のために基本的な語彙〔一部4級レベルの語彙を含む〕800余語を収める。数字，月名，国名・都市名等の固有名詞は収録しない。

・品詞名の後の〔～儿〕はしばしば"儿"化して発音されることを示す。

・軽声，非軽声の両方に発音される語については，原則として軽声を採用した。

・ピンイン中に∥を付した VO 構造の動詞は間に他の成分が挿入されて分離することがあることを示す。

・名詞の訳語の後に《 》内に示す語は，その名詞を数えるのによく使われる量詞（助数詞）である。

・〈口〉は多く口語で使用されることを示す。

・品詞名の略号は次のとおりである。

名 名詞　　動 動詞　　助動 助動詞　　　　形 形容詞　　数 数詞

量 量詞（＝助数詞）　　数量 数詞＋量詞

代 代詞（名詞・動詞・形容詞・数量詞・副詞に代わる語）　　副 副詞

介 介詞（＝前置詞）　　接 接続詞（＝連詞）　　助 助詞　　接頭 接頭辞

接尾 接尾辞　　　　□ 連語またはよく使われるフレーズ

A

啊	a	助	感嘆・注意の喚起・軽い疑問などの語気を示す；"哪"(na)，"哇"(wa)，"呀"(ya)などに変音することも
矮	ǎi	形	(背丈が)低い
爱	ài	動	愛する，好む
爱好	àihào	名	趣味

B

把	bǎ	量	柄や握る箇所のある物を数える
爸爸	bàba	名	父，お父さん；"爸"(bà)とも
吧	ba	助	勧誘・推測などの語気を示す
白	bái	形	白い⇔"黑"(hēi)
白天	báitiān	名	日中，昼間
班	bān	名	クラス，学級
班长	bānzhǎng	名	学級委員
搬家	bān//jiā	動	引っ越しをする
办	bàn	動	(手続きなどを)する，行う，処理する
办法	bànfǎ	名	やり方，方法
办公室	bàngōngshì	名	事務室，オフィス
半	bàn	数	半分，2分の1；時間の30分
帮	bāng	動	助ける，手伝う
帮助	bāngzhù	動	助ける，援助する
棒球	bàngqiú	名	野球
包	bāo	動	包む
		名	(〜儿)①包み，包んだ物 ②バッグ，かばん
包子	bāozi	名	パオズ；中華まんじゅう
饱	bǎo	形	満腹している
保育员	bǎoyùyuán	名	保育士
报	bào	名	新聞；"报纸"(bàozhǐ)とも
抱	bào	動	抱く，抱きかかえる
杯	bēi	量	コップ・グラスに入った物を数える
杯子	bēizi	名	コップ，グラス《只 zhī》
背	bēi	動	背負う
北边	běibian	名	(〜儿)北側，北の方
背	bèi	名	背，背中

		動	暗唱する
本	běn	量	(〜儿)本や雑誌を数える
本子	běnzi	名	ノート《个 ge》
鼻子	bízi	名	鼻
比	bǐ	動	比べる
		介	…よりも：比較を示す
笔	bǐ	名	ペン，筆；筆記用具
毕业	bì//yè	動	卒業する
编辑	biānjí	名	編集者
遍	biàn	量	(始めから終わりまでの)ひとわたりの動作を数える
表	biǎo	名	時計；腕時計や懐中時計の類
别	bié	副	…してはいけない
别的	bié de	□	ほかの(もの)
病	bìng	動	病む，病気になる
伯伯	bóbo	名	おじさん；父の兄
不	bù	副	①…しない，…でない ②いいえ
不错	búcuò	形	よい，悪くない
不太	bú tài	□	あまり…でない
不行	bùxíng	形	だめだ，いけない
不要	búyào	副	…してはいけない
不用	búyòng	副	…するに及ばない
部	bù	量	辞書や映画などを数える

C

擦	cā	動	こする；ぬぐう
擦黑板	cā hēibǎn	□	黒板を拭く
擦脸	cā liǎn	□	顔を拭く
菜	cài	名	料理，おかず
菜单	càidān	名	メニュー
厕所	cèsuǒ	名	トイレ
茶	chá	名	お茶
查	chá	動	調べる
查词典	chá cídiǎn	□	辞書を引く
长	cháng	形	長い⇔"短"(duǎn)
尝	cháng	動	味わう
唱	chàng	動	歌う
唱歌	chàng gē	□	歌を歌う
超市	chāoshì	名	スーパーマーケット＝"超级市场"(chāojí shìchǎng)
车	chē	名	車；自転車，自動車《辆 liàng》

车厢　chēxiāng　名 列車の車両《节 jié》
车站　chēzhàn　名 駅, 停留所
吃　chī　動 食べる
吃饭　chī fàn　□ ごはんを食べる
吃药　chī yào　□ 薬をのむ
抽　chōu　動 吸う
抽烟　chōu yān　□ たばこを吸う
出　chū　動 出る, 出す
出发　chūfā　動 たつ, 出発する
出来　chūlai　動 出てくる
出门　chū//mén　動 外出する
出去　chūqu　動 出ていく
出租车　chūzūchē　名 タクシー;"出租汽车"(chūzū qìchē), "的士"(dīshì)とも
厨房　chúfáng　名 台所, キッチン《间 jiān》
厨师　chúshī　名 コック, 料理人
穿　chuān　動 着る, 履く
穿衣服　chuān yīfu　□ 服を着る
穿鞋　chuān xié　□ 靴を履く
船　chuán　名 船《只 zhī》
窗户　chuānghu　名 窓
床　chuáng　名 ベッド《张 zhāng》
吹　chuī　動 吹く, 吹きつける
春节　Chūnjié　名 春節;旧正月
春天　chūntiān　名 春
词典　cídiǎn　名 辞書, 辞典《本 běn、部 bù》
次　cì　量 回数を数える
聪明　cōngming　形 賢い
从　cóng　介 …から;起点を示す
粗　cū　形 太い
错　cuò　形 間違っている

D

打　dǎ　動 ①打つ, 殴る ②(さまざまな動作を)する ③(球技などを)する
打电话　dǎ diànhuà　□ 電話をかける
打工　dǎ//gōng　動 アルバイトをする
打雷　dǎ//léi　動 雷が鳴る
打扫　dǎsǎo　動 掃除する
打算　dǎsuan　動 …するつもりだ
打网球　dǎ wǎngqiú　□ テニスをする

大　dà　形 大きい⇔"小"(xiǎo)
大风　dàfēng　名 大風
大家　dàjiā　代 皆, 皆さん
大学　dàxué　名 大学
大衣　dàyī　名 オーバー, 外套《件 jiàn》
大夫　dàifu　名 医者, お医者さん
带　dài　動 帯びる, 身につける
带手表　dài shǒubiǎo　□ 腕時計をはめる
戴　dài　動 身につける
戴帽子　dài màozi　□ 帽子をかぶる
戴眼镜　dài yǎnjìng　□ めがねをかける
当　dāng　動 …になる;職に就く, 役割を務める
当然　dāngrán　形 当然だ
到　dào　動 着く, 到着する
德语　Déyǔ　名 ドイツ語
地　de　助 連用修飾語を作る
的　de　助 …の;連体修飾語を作る
得　de　助 補語を導く
等　děng　動 待つ
凳子　dèngzi　名 背もたれのない腰掛け《张 zhāng》
低　dī　形 低い
底下　dǐxia　名 (…の)下
地方　dìfang　名 所, 場所
地铁　dìtiě　名 地下鉄
弟弟　dìdi　名 弟
第　dì　接頭 順序を表す
点　diǎn　量 時(じ);時間を数える
点心　diǎnxin　名 点心;軽い食べ物
电话　diànhuà　名 電話
电脑　diànnǎo　名 コンピューター, パソコン《台 tái》
电视　diànshì　名 ①テレビ ②テレビ受像機 = "电视机"(diànshìjī)
电梯　diàntī　名 エレベーター
电影　diànyǐng　名 (～儿)映画《部 bù》
东边　dōngbian　名 (～儿)東側, 東の方
东西　dōngxi　名 物, 品物
冬天　dōngtiān　名 冬
懂　dǒng　動 わかる, 理解する
动物园　dòngwùyuán　名 動物園

都	dōu	副	みな, すべて
读	dú	動	（声を出して）読む
肚子	dùzi	名	腹, おなか
短	duǎn	形	短い⇔“长”(cháng)
锻炼身体	duànliàn shēntǐ	□	体を鍛える
对	duì	形	合っている, 正しい
		量	対を成す物を数える
对不起	duìbuqǐ	動	（顔向けできない⇒）すみません
蹲	dūn	動	しゃがむ
多	duō	形	多い⇔“少”(shǎo)
		代	どれほど
		副	なんと
多少	duōshao	代	どのくらい

E

俄语	Éyǔ	名	ロシア語
饿	è	形	腹がへっている
儿子	érzi	名	息子
耳朵	ěrduo	名	耳《只 zhī、双 shuāng》

F

发	fā	動	（手紙などを）出す, （物を）配る
法语	Fǎyǔ	名	フランス語
翻译	fānyì	動	翻訳する, 通訳する
		名	翻訳, 通訳
饭	fàn	名	ごはん, 食事
饭店	fàndiàn	名	①ホテル ②レストラン
方便	fāngbiàn	形	便利だ
房间	fángjiān	名	部屋, ルーム
房子	fángzi	名	家《所 suǒ、栋 dòng》
放	fàng	動	置く
放假	fàng//jià	動	休みになる
放学	fàng//xué	動	学校がひける
飞	fēi	動	飛ぶ
飞机	fēijī	名	飛行機《架 jià》
飞行员	fēixíngyuán	名	パイロット
非常	fēicháng	副	非常に
肥	féi	形	肥えている；人間以外の動物について
分	fēn	量	① 分(ふん)；時間を数える ②分

			（ぶ）；通貨の単位, “角”(jiǎo)の10分の1
粉笔	fěnbǐ	名	チョーク《根 gēn、支 zhī》
风	fēng	名	風
父亲	fùqin	名	父, 父親
付	fù	動	支払う
付钱	fù qián	□	金を払う
复习	fùxí	動	復習する

G

干净	gānjìng	形	きれいだ, 清潔だ
干杯	gān//bēi	動	乾杯する
干	gàn	動	する, 行う
钢笔	gāngbǐ	名	ペン, 万年筆《支 zhī》
钢琴	gāngqín	名	ピアノ《架 jià》
高	gāo	形	高い⇔“低”(dī)/“矮”(ǎi)
高兴	gāoxìng	形	うれしい
告别	gào//bié	動	別れを告げる
告诉	gàosu	動	（…に…を）告げる, 教える
哥哥	gēge	名	兄, お兄さん
歌	gē	名	（～儿）歌
歌手	gēshǒu	名	歌手
个	gè	量	広く人や物を数える；多く軽声 ge
给	gěi	動	（…に…を）与える
		介	…に；動作・行為の相手や受益者を導く
跟	gēn	介	…と, …に；動作・行為の相手を示す＝“和”(hé)
		接	…と…；並列を表す＝“和”(hé)
更	gèng	副	さらに, いっそう
工程师	gōngchéngshī	名	技師, エンジニア
工作	gōngzuò	動	働く, 仕事をする
		名	仕事
公共汽车	gōnggòng qìchē	□	乗合バス
公交车	gōngjiāochē	名	公共交通機関；乗合バス
公里	gōnglǐ	量	キロメートル
公司	gōngsī	名	会社《家 jiā》
公园	gōngyuán	名	公園《所 suǒ》
狗	gǒu	名	犬《条 tiáo》
故事	gùshi	名	物語
刮	guā	動	（風が）吹く

刮风	guā fēng	□	風が吹く
刮脸	guā liǎn	□	顔をそる
挂	guà	動	掛ける, 掛かる
关	guān	動	(門や戸を)閉める, (スイッチを)切る
关门	guān//mén	動	①扉を閉める ②閉店する
广播	guǎngbō	動	放送する
		名	放送
广场	guǎngchǎng	名	広場
贵	guì	形	(値段が)高い
贵姓	guìxìng	名	どなた；姓を聞く
国	guó	名	国＝"国家"(guójiā)
国庆节	Guóqìng Jié	□	国慶節
过	guò	動	①通り過ぎる ②日を過ごす
过	guo	助	…したことがある；経験を示す

H

还	hái	副	まだ, なお, さらに
还是	háishi	接	…か, それとも…か；選択疑問文を作る
孩子	háizi	名	子, 子供
韩语	Hányǔ	名	韓国語
汉语	Hànyǔ	名	中国語；漢民族の言語
汉字	Hànzì	名	漢字
好	hǎo	形	よい
好吃	hǎochī	形	うまい, おいしい
好看	hǎokàn	形	きれいだ, 美しい
好听	hǎotīng	形	(音や声が)美しい
号	hào	量	(～儿)①番号 ②何月何日の「日」
号码	hàomǎ	名	(～儿)番号
喝	hē	動	飲む
喝茶	hē chá	□	茶を飲む
喝酒	hē jiǔ	□	酒を飲む
喝咖啡	hē kāfēi	□	コーヒーを飲む
和	hé	介	…と, …に；動作・行為の相手を示す
		接	…と…；並列を表す
河	hé	名	川, 河《条 tiáo》
盒子	hézi	名	蓋つきの小箱《只 zhī》
黑	hēi	形	①黒い⇔"白"(bái) ②暗い

黑板	hēibǎn	名	黒板
很	hěn	副	たいへん, とても
红	hóng	形	赤い
红茶	hóngchá	名	紅茶
红色	hóngsè	名	赤色
后边	hòubian	名	(～儿)後ろ, 後ろの方
后年	hòunián	名	さらい年
后天	hòutiān	名	あさって, 明後日
护士	hùshi	名	看護師
护照	hùzhào	名	パスポート
花	huā	名	(～儿)花
		動	費やす
花茶	huāchá	名	花の香りをつけた茶；ジャスミン茶
滑冰	huá//bīng	動	スケートをする
滑雪	huá//xuě	動	スキーをする
画	huà	動	描く
		名	(～儿)絵
画画儿	huà huàr	□	絵を描く
画家	huàjiā	名	画家
话	huà	名	ことば, 話, 文句
坏	huài	形	悪い
		動	壊す, 壊れる
欢迎	huānyíng	動	歓迎する
还	huán	動	返す
换	huàn	動	換える, 交換する
换车	huàn chē	□	乗り換える
还钱	huàn//qián	動	両替する
黄	huáng	形	黄色い
回	huí	動	帰る, 戻る
		量	回数を数える
回答	huídá	動	答える, 返答する
回国	huí guó	□	国に帰る
回家	huí jiā	□	家に帰る
回来	huílai	動	帰ってくる, 戻ってくる
回去	huíqu	動	帰っていく, 戻っていく
回头	huí//tóu	動	振り返る
		副	(huítóu)のちほど
会	huì	助動	…できる；習得した技術・技能について
火车	huǒchē	名	汽車《节 jié、列 liè》

J

机场	jīchǎng	名	空港《座 zuò》
鸡	jī	名	にわとり
几	jǐ	数	いくつ；およそ10以下の不定数を示す
记	jì	動	①覚える ②記す
记者	jìzhě	名	記者
寄	jì	動	郵送する
寄信	jì xìn	□	手紙を出す
家	jiā	名	家，家庭
家里	jiāli	名	家，家の中
简单	jiǎndān	形	簡単だ
见	jiàn	動	会う
件	jiàn	量	衣服や事柄などを数える
讲	jiǎng	動	説く，話す
讲故事	jiǎng gùshi	□	お話をする
交	jiāo	動	手渡す
教	jiāo	動	教える
角	jiǎo	量	角；通貨の単位，"元"(yuán)の10分の1
饺子	jiǎozi	名	ギョーザ
脚	jiǎo	名	足；くるぶしから先
叫	jiào	動	①呼ぶ，叫ぶ ②…と称する，名を…と言う
教室	jiàoshì	名	教室《间 jiān》
接	jiē	動	(物を)受け取る，(電話などを)受ける，(人を)出迎える
街	jiē	名	街，通り《条 tiáo》
节	jié	量	節(ᵗ)，節状に区切られたものを数える
节目	jiémù	名	番組，プログラム
结婚	jié//hūn	動	結婚する
姐姐	jiějie	名	姉，お姉さん
介绍	jièshào	動	紹介する
借	jiè	動	借りる，貸す
借钱	jiè qián	□	金を借りる，金を貸す
今年	jīnnián	名	ことし，今年
今天	jīntiān	名	きょう，本日
进	jìn	動	入る
进来	jìnlai	動	入ってくる
进去	jìnqu	動	入っていく
近	jìn	形	近い⇔"远"(yuǎn)
京剧	jīngjù	名	京劇
酒	jiǔ	名	酒
旧	jiù	形	古い⇔"新"(xīn)
就	jiù	副	すぐに，すぐさま
句	jù	名	文
		量	ことばや文の一区切りを数える

K

咖啡	kāfēi	名	コーヒー
开	kāi	動	(門や戸を)開ける，開く，(スイッチを)入れる
开车	kāi//chē	動	車を運転する
开会	kāi//huì	動	会を開く，会に出る
开门	kāi//mén	動	門や戸を開ける
开始	kāishǐ	動	始める，始まる
开水	kāishuǐ	名	湯，熱湯
看	kàn	動	見る，読む
看病	kàn//bìng	動	①診察する，診察を受ける ②病気をみまう
看电视	kàn diànshì	□	テレビを見る
看电影	kàn diànyǐng	□	映画を観る
看见	kànjiàn	動	見える，目に入る
看书	kàn shū	□	本を読む
看完	kànwán	動	見終わる，読み終わる
烤鸭	kǎoyā	名	アヒルの丸焼き
可乐	kělè	名	コーラ
可是	kěshì	接	だが，しかし
可以	kěyǐ	助動	差し支えない，許される
渴	kě	形	のどが渇いている
刻	kè	動	刻む
		量	15分
客气	kèqi	形	遠慮する
客人	kèren	名	客
课	kè	名	授業，課目
		量	教科書の課を数える
课本	kèběn	名	教科書，テキスト《册 cè》
空中小姐	kōngzhōng xiǎojiě	□	スチュワーデス
空	kòng	名	(～儿)暇
口	kǒu	量	①家族の人数を数える ②豚を数える

74

口袋	kǒudai	名	(～儿)①袋 ②ポケット
哭	kū	動	泣く
苦	kǔ	形	苦い
裤子	kùzi	名	ずぼん《条 tiáo》
块	kuài	量	①塊状の物を数える ②通貨の単位;"元"(yuán)に同じ
快	kuài	形	速い⇔"慢"(màn)
		副	まもなく(…する,…になる)
快要	kuàiyào	副	まもなく(…する,…になる)
筷子	kuàizi	名	箸(はし)《支 zhī、双 shuāng》

L

拉	lā	動	引く,引っ張る
辣	là	形	辛い
来	lái	動	①来る ②(-lai)(補語として用い)近づくことを表す
篮球	lánqiú	名	バスケットボール
老	lǎo	形	年老いている
		接頭	目上の人の姓にかぶせて親しむ気持ちを表す
老虎	lǎohǔ	名	虎《只 zhī》
老师	lǎoshī	名	(学校の)先生
老鼠	lǎoshǔ	名	ねずみ《只 zhī》
姥姥	lǎolao	名	おばあさん;母方の祖母
姥爷	lǎoye	名	おじいさん;母方の祖父
了	le	助	完了や変化を示す
累	lèi	形	疲れている
冷	lěng	形	寒い,冷たい
礼物	lǐwù	名	贈り物,プレゼント
里	lǐ	名	(…の)中〈口〉軽声 li
厉害	lìhai	形	厳しい
脸	liǎn	名	顔《张 zhāng》
练习	liànxí	動	練習する
		名	練習,練習問題
凉	liáng	形	冷たい,冷えている
凉快	liángkuai	形	涼しい
两	liǎng	数	ふたつ,ふたり;個数や人数を数える
辆	liàng	量	車両を数える
聊天儿	liáo//tiānr	動	とりとめもない話をする,おしゃべりする
零	líng	数	①零,ゼロ ②3桁以上の数に

おいて空位を示す

留学	liú//xué	動	留学する
留学生	liúxuéshēng	名	留学生
流利	liúlì	形	(ことばが)流暢だ
楼	lóu	名	①2階建以上の建物 ②階,フロア
路	lù	名	道,道路
旅行	lǚxíng	動	旅行する
旅游	lǚyóu	動	観光旅行をする
律师	lǜshī	名	弁護士
绿	lǜ	形	緑色の
绿色	lǜsè	名	緑色

M

妈妈	māma	名	母,お母さん;"妈"(mā)とも
麻烦	máfan	形	面倒だ,煩わしい
		動	面倒をかける
马	mǎ	名	馬《匹 pǐ》
马路	mǎlù	名	大通り《条 tiáo》
马上	mǎshàng	副	すぐに,直ちに
吗	ma	助	疑問の語気を表す
买	mǎi	動	買う
买东西	mǎi dōngxi	□	買い物をする
卖	mài	動	売る
馒头	mántou	名	マントウ;中華ふう蒸しパン
慢	màn	形	(動作・速度が)遅い,ゆっくりしている⇔"快"(kuài)
忙	máng	形	忙しい
猫	māo	名	猫《只 zhī》
毛	máo	量	通貨の単位;"角"(jiǎo)に同じ
毛笔	máobǐ	名	筆,毛筆《支 zhī、管 guǎn》
毛衣	máoyī	名	セーター《件 jiàn》
帽子	màozi	名	帽子《顶 dǐng》
没(有)	méi(you)	副	動作が発生していないことを示す
没有	méiyǒu	動	ない,いない
每天	měi tiān	□	毎日
妹妹	mèimei	名	妹
门	mén	名	門,戸,ドア
门口	ménkǒu	名	(～儿)入口,戸口
门前	ménqián	名	門の前
门外	ménwài	名	門の外

75

们	-men	接尾	複数を表す
米	mǐ	名	米
		量	メートル
米饭	mǐfàn	名	米飯, ライス
面包	miànbāo	名	パン《片 piàn、块 kuài》
面条儿	miàntiáor	名	麺, うどん
名片	míngpiàn	名	〔~儿〕名刺《张 zhāng》
名字	míngzi	名	名, 名前
明白	míngbai	形	明らかだ
明年	míngnián	名	来年
明天	míngtiān	名	あす, あした, 明日
母亲	mǔqin	名	母, 母親
木工	mùgōng	名	大工

N

拿	ná	動	手に持つ
哪	nǎ	代	どれ, どの〈口〉něi
哪个	nǎge	代	どれ, どの
哪里	nǎli	代	どこ
哪儿	nǎr	代	〈口〉どこ
哪些	nǎxiē	代	どれだけ, どれだけの
那	nà	代	それ, あれ;その, あの〈口〉nèi
		接	では, それでは
那个	nàge	代	それ, あれ;その, あの
那里	nàli	代	そこ, あそこ
那么	nàme	代	そのように
		接	では, それでは
那儿	nàr	代	〈口〉そこ, あそこ
那些	nàxiē	代	それら, あれら;それらの, あれらの
那样	nàyàng	代	〔~儿〕あのような, そのような;あのように, そのように
奶奶	nǎinai	名	おばあさん;父方の祖母
男	nán	形	男の⇔"女"(nǚ)
南边	nánbian	名	〔~儿〕南側, 南の方
难	nán	形	難しい
脑袋	nǎodai	名	〈口〉頭
呢	ne	助	疑問や継続・進行の語気を示す
能	néng	助動	(能力・可能性があって)…できる
年	nián	量	年数を数える

年级	niánjí	名	学年
年纪	niánjì	名	年齢
年轻	niánqīng	形	年が若い
念	niàn	動	(声を出して)読む
念书	niàn shū	□	本を読む
牛	niú	名	牛《头 tóu》
牛奶	niúnǎi	名	牛乳, ミルク
努力	nǔlì	動	努力する
		形	努力している
女	nǚ	形	女の⇔"男"(nán)
女儿	nǚ'ér	名	娘
暖和	nuǎnhuo	形	暖かい

O

欧洲	Ōuzhōu	名	ヨーロッパ

P

爬	pá	動	①はう ②よじのぼる
爬山	pá shān	□	山に登る
排球	páiqiú	名	バレーボール
旁边	pánbiān	名	〔~儿〕そば, かたわら
胖	pàng	形	太っている⇔"瘦"(shòu)
跑	pǎo	動	走る
朋友	péngyou	名	友達, 友人
啤酒	píjiǔ	名	ビール
匹	pǐ	量	馬を数える
便宜	piányi	形	(値段が)安い
票	piào	名	切符, チケット《张 zhāng》
漂亮	piàoliang	形	きれいだ
乒乓球	pīngpāngqiú	名	卓球, ピンポン
苹果	píngguǒ	名	りんご
瓶	píng	名	〔~儿〕瓶, ボトル
		量	瓶によって数える
葡萄	pútao	名	ぶどう

Q

骑	qí	動	(またがって)乗る
骑马	qí mǎ	□	馬に乗る
骑自行车	qí zìxíngchē	□	自転車に乗る
起	qǐ	動	立つ, 起きる
起床	qǐ//chuáng	動	起きる, 起床する
汽车	qìchē	名	自動車《辆 liàng》

铅笔 qiānbǐ	名	鉛筆《支 zhī》
签证 qiānzhèng	名	ビザ, 査証
前边 qiánbian	名	〈~儿〉前, 前の方
前年 qiánnián	名	おととし, 一昨年
前天 qiántiān	名	おととい, 一昨日
钱 qián	名	お金
浅 qiǎn	形	浅い
墙 qiáng	名	壁, 塀
敲 qiāo	動	たたく
敲门 qiāo mén	□	ドアをノックする
桥 qiáo	名	橋《座 zuò》
轻 qīng	形	軽い
清楚 qīngchu	形	はっきりしている
晴 qíng	形	晴れている
请 qǐng	動	①請う ②どうぞ…してください
请客 qǐng//kè	動	客を招く
请问 qǐngwèn	動	尋ねる, お伺いする
秋天 qiūtiān	名	秋
去 qù	動	①行く, 出かける ②(-qu)(補語として用い)遠ざかることを表す
去年 qùnián	名	昨年, 去年
裙子 qúnzi	名	スカート《条 tiáo》

R

热 rè	形	(気候が)暑い, (飲食物などが)熱い
热闹 rènao	形	にぎやかだ
人 rén	名	人間, 人
认识 rènshi	動	知る, 知っている
认真 rènzhēn	形	まじめだ, 熱心だ
日历 rìlì	名	日めくりのカレンダー
日语 Rìyǔ	名	日本語
容易 róngyì	形	易しい, 容易だ
肉 ròu	名	肉

S

伞 sǎn	名	傘《把 bǎ》
散步 sàn//bù	動	散歩する
山 shān	名	山《座 zuò》
商店 shāngdiàn	名	店, 商店《家 jiā》

商量 shāngliang	動	相談する
上 shàng	動	上がる, 行く
	名	①(時間的に)先, 前 ②(shang)(…の)上
上班 shàng//bān	動	〈~儿〉出勤する, 通勤する⇔"下班"(xià//bān)
上边 shàngbian	名	〈~儿〉上, 上の方
上车 shàng chē	□	車に乗る, 乗車する
上课 shàng//kè	動	授業をする, 授業を受ける⇔"下课"(xià//kè)
上网 shàng//wǎng	動	インターネットに接続する
上午 shàngwǔ	名	午前
上学 shàng//xué	動	学校に行く, 通学する
少 shǎo	形	少ない⇔"多"(duō)
蛇 shé	名	蛇《条 tiáo》
设计师 shèjìshī	名	デザイナー
谁 shéi	代	誰
身体 shēntǐ	名	身体;健康状態
深 shēn	形	深い
什么 shénme	代	なに, なんの, どんな
什么地方 shénme dìfang	□	どこ
什么时候 shénme shíhou	□	いつ
生气 shēng//qì	動	怒る, 腹を立てる
生日 shēngrì	名	誕生日
声音 shēngyīn	名	音, 声
师母 shīmǔ	名	先生の奥さん
石头 shítou	名	石
时候 shíhou	名	時, 頃
食堂 shítáng	名	食堂
试 shì	動	試す, 試みる
事 shì	名	〈~儿〉事, 事柄, 用事;"事情"(shìqing)とも
是 shì	動	…である
收 shōu	動	収める, 受け取る
收拾 shōushi	動	片づける, 整理する
收音机 shōuyīnjī	名	ラジオ《台 tái》
手 shǒu	名	手;手首から先《只 zhī、双 shuāng》
手表 shǒubiǎo	名	腕時計《块 kuài》
手机 shǒujī	名	携帯電話, スマホ
手纸 shǒuzhǐ	名	トイレットペーパー
瘦 shòu	形	痩せている⇔"胖"(pàng)

M
|
S

书	shū	名	本, 書物《本 běn》
书包	shūbāo	名	かばん
书店	shūdiàn	名	本屋, 書店《家 jiā》
书架	shūjià	名	本棚
叔叔	shūshu	名	おじさん；父の弟
舒服	shūfu	形	気持ちがよい
暑假	shǔjià	名	夏休み
数	shǔ	動	数える
树	shù	名	立ち木《棵 kē》
刷牙	shuā yá	□	歯を磨く
双	shuāng	量	対を成す物を数える
水	shuǐ	名	水, お湯
水果	shuǐguǒ	名	果物, フルーツ
睡觉	shuì//jiào	動	寝る, 眠る
说	shuō	動	言う, 話す
说话	shuō//huà	動	話をする
司机	sījī	名	運転手
死	sǐ	動	死ぬ
送	sòng	動	贈る, 届ける, 手渡す
宿舍	sùshè	名	寮, 宿舎, 寄宿舎
岁	suì	量	歳(さい)；年齢を数える
岁数	suìshu	名	〔~儿〕年齢
孙女	sūnnü	名	〔~儿〕孫娘；息子の女児
孙子	sūnzi	名	孫；息子の男児

T

太	tài	副	たいへん, あまりにも（…だ）
太极拳	tàijíquán	名	太極拳
太阳	tàiyang	名	太陽
谈	tán	動	話す, 語る
弹	tán	動	（楽器を）弾く
弹钢琴	tán gāngqín	□	ピアノを弾く
汤	tāng	名	スープ
糖	táng	名	①砂糖 ②あめ
躺	tǎng	動	横たわる, 寝そべる
趟	tàng	量	往復の動作の回数を数える
疼	téng	形	痛い
踢	tī	動	蹴る
踢足球	tī zúqiú	□	サッカーをする
提	tí	動	提げる
提包	tíbāo	名	手提げかばん《只 zhī》
天	tiān	名	天, 空

		量	日数を数える
甜	tián	形	甘い
条	tiáo	量	細長い物を数える
跳	tiào	動	跳ぶ, 跳ねる
听	tīng	動	聞く, 聴く
听广播	tīng guǎngbō	□	放送を聴く
听见	tīngjiàn	動	聞こえる, 耳に入る
听音乐	tīng yīnyuè	□	音楽を聴く
停	tíng	動	止まる, 止める, やむ
同学	tóngxué	名	級友, 学友
头	tóu	名	頭
		量	牛を数える
头发	tóufa	名	髪, 髪の毛
头疼	tóuténg	形	頭が痛い
图书馆	túshūguǎn	名	図書館
兔	tù	名	うさぎ＝"兔子"(tùzi)
兔子	tùzi	名	うさぎ《只 zhī》
推	tuī	動	押す
腿	tuǐ	名	足；くるぶしから上
脱	tuō	動	脱ぐ
脱衣服	tuō yīfu	□	服を脱ぐ

W

娃娃	wáwa	名	①赤ん坊 ②人形
袜子	wàzi	名	靴下《双 shuāng》
外	wài	名	（…の）外
外边	wàibian	名	〔~儿〕外, 外側
外国	wàiguó	名	外国
外国语	wàiguóyǔ	名	外国語；"外语"(wàiyǔ)とも
完	wán	動	終わる
玩	wán	動	〔~儿〕遊ぶ
晚	wǎn	形	（時間が）遅い⇔"早"(zǎo)
晚饭	wǎnfàn	名	夕食, 晩ごはん
晚上	wǎnshang	名	夕方, 晩, 夜
网球	wǎngqiú	名	テニス
忘	wàng	動	忘れる
为什么	wèi shénme	□	なぜ, どうして
位	wèi	量	敬意を込めて人を数える
闻	wén	動	においをかぐ
问	wèn	動	問う, 尋ねる
问题	wèntí	名	問い, 問題, 質問
问问题	wèn wèntí	□	質問する

握手 wò//shǒu	動	握手する
乌龙茶 wūlóngchá	名	ウーロン茶
乌鸦 wūyā	名	からす
屋子 wūzi	名	部屋《间 jiān》
午饭 wǔfàn	名	昼食, 昼ごはん

X

西边 xībian	名	(～儿)西側, 西の方
西瓜 xīgua	名	すいか
洗 xǐ	動	洗う
洗脸 xǐ liǎn	□	顔を洗う
洗手 xǐ shǒu	□	手を洗う
洗衣服 xǐ yīfu	□	洗濯する
洗澡 xǐ//zǎo	動	体を洗う, 入浴する
喜欢 xǐhuan	動	好む, (…するのが)好きだ
细 xì	形	細い
下 xià	動	①下がる, 下る, 降りる ②(雨や雪が)降る
	名	①(時間的に)後, 次 ②(…の)下
下班 xià//bān	動	(～儿)退勤する⇔"上班" (shàng//bān)
下边 xiàbian	名	(～儿)下, 下の方
下车 xià chē	□	車を降りる, 下車する
下课 xià//kè	動	授業が終わる⇔"上课" (shàng//kè)
下午 xiàwǔ	名	午後
下雾 xià wù	□	霧がかかる
下星期 xià xīngqī	□	来週
下雪 xià xuě	□	雪が降る
下雨 xià yǔ	□	雨が降る
夏天 xiàtiān	名	夏
先 xiān	副	先に, まず
先生 xiānsheng	名	先生, …さん;男性に対する敬称
现在 xiànzài	名	今, 現在
香蕉 xiāngjiāo	名	バナナ《根 gēn》
箱子 xiāngzi	名	(大型の)箱, トランク, スーツケース《口 kǒu、只 zhī》
想 xiǎng	動	(…したいと)思う
小 xiǎo	形	小さい⇔"大"(dà)
	接頭	同輩や目下の人の姓にかぶせて親しみの気持ちを表す
小孩儿 xiǎoháir	名	子供;"小孩子"(xiǎoháizi)とも
小姐 xiǎojiě	名	…さん, …嬢;若い女性に対する敬称
小时 xiǎoshí	名	時間の単位;60分
小说 xiǎoshuō	名	小説《篇 piān、本 běn、部 bù》
小心 xiǎoxīn	動	注意する, 気をつける
小学 xiǎoxué	名	小学校《所 suǒ》
小学生 xiǎoxuéshēng	名	小学生
小雨 xiǎoyǔ	名	小雨
笑 xiào	動	笑う
校门 xiàomén	名	校門
鞋 xié	名	靴;短靴《只 zhī、双 shuāng》
写 xiě	動	書く
写信 xiě xìn	□	手紙を書く
写字 xiě zì	□	字を書く
谢谢 xièxie	動	感謝する;ありがとう
新 xīn	形	新しい⇔"旧"(jiù)
新年 xīnnián	名	新年, 正月
新闻 xīnwén	名	ニュース《条 tiáo、则 zé》
信 xìn	名	手紙《封 fēng》
星期 xīngqī	名	週, 曜日
星星 xīngxing	名	星
行 xíng	形	よろしい, 差し支えない
行李 xíngli	名	(旅行の)荷物
姓 xìng	動	…という姓である
熊猫 xióngmāo	名	パンダ《只 zhī》
休息 xiūxi	動	休む, 休憩する
选 xuǎn	動	選ぶ
学 xué	動	学ぶ
学外语 xué wàiyǔ	□	外国語を学ぶ
学生 xuésheng	名	生徒, 学生
学习 xuéxí	動	学ぶ, 学習する
学校 xuéxiào	名	学校《所 suǒ》
雪 xuě	名	雪

Y

牙 yá	名	歯;"牙齿"(yáchǐ)とも《颗 kē》
牙刷 yáshuā	名	(～儿)歯ブラシ
亚洲 Yàzhōu	名	アジア
烟 yān	名	①けむり ②たばこ
盐 yán	名	塩

颜色	yánsè	名	色
眼	yǎn	名	目 ＝"眼睛"（yǎnjing）
眼镜	yǎnjìng	名	めがね（副 fù）
眼睛	yǎnjing	名	目（只 zhī、双 shuāng）
演员	yǎnyuán	名	俳優，役者，出演者
燕	yàn	名	つばめ ＝"燕子"（yànzi）
燕子	yànzi	名	つばめ（只 zhī）
羊	yáng	名	ひつじ（只 zhī）
药	yào	名	薬
要	yào	動	要る，ほしい
		助動	…する，…したい，…しなければならない
钥匙	yàoshi	名	鍵，キー（把 bǎ）
爷爷	yéye	名	おじいさん；父方の祖父
也	yě	副	…も，…もまた
夜里	yèli	名	夜，夜中
一点儿	yìdiǎnr	数量	ちょっと，少し
一定	yídìng	副	きっと，必ず
一共	yígòng	副	合わせて，全部で
一会儿	yíhuìr	数量	しばらくの間
一块儿	yíkuàir	副	一緒に（…する）
一起	yìqǐ	副	一緒に（…する）
一天	yìtiān	名	一日，ある日
一下	yíxià	数量	（〜儿）（動詞の後に用いて）ちょっと（…する）；"一下子"（yíxiàzi）とも
一样	yíyàng	形	同じだ，同様だ
衣服	yīfu	名	服，衣服（件 jiàn）
医生	yīshēng	名	医師，医者
医院	yīyuàn	名	病院（所 suǒ）
已经	yǐjīng	副	すでに
以后	yǐhòu	名	以後
以前	yǐqián	名	以前
椅子	yǐzi	名	椅子（把 bǎ）
意思	yìsi	名	意味
音乐	yīnyuè	名	音楽
银行	yínháng	名	銀行（所 suǒ）
英语	Yīngyǔ	名	英語
用	yòng	動	使う，用いる
		介	…で，…を使って
邮局	yóujú	名	郵便局（所 suǒ）
邮票	yóupiào	名	切手（张 zhāng、套 tào）

游	yóu	動	泳ぐ
游泳	yóu//yǒng	動	泳ぐ，遊泳する
有	yǒu	動	（…に…が）ある，（…を）持っている
有意思	yǒu yìsi	□	面白い，興味深い
又	yòu	副	（過去のことについて）また，ふたたび
右边	yòubian	名	（〜儿）右，右の方
鱼	yú	名	魚（条 tiáo、尾 wěi）
愉快	yúkuài	形	楽しい，愉快だ
羽毛球	yǔmáoqiú	名	バドミントン
雨	yǔ	名	雨
元	yuán	量	元；円に相当する通貨の単位
圆	yuán	形	円い
圆珠笔	yuánzhūbǐ	名	ボールペン（支 zhī）
远	yuǎn	形	遠い⇔"近"（jìn）
院子	yuànzi	名	庭；中庭
月	yuè	名	月数をいう
月亮	yuèliang	名	月；天体
云彩	yúncai	名	雲
运动	yùndòng	名	運動，スポーツ
		動	運動する
运动员	yùndòngyuán	名	スポーツ選手

Z

杂技	zájì	名	曲芸，軽業
杂志	zázhì	名	雑誌（本 běn）
再	zài	副	（未来のことについて）また，ふたたび
再见	zàijiàn	動	（また会いましょう⇒）さようなら
在	zài	動	（…が…に）ある，いる
		介	…で：場所を示す
		副	…している：進行を示す
早	zǎo	形	早い⇔"晚"（wǎn）
早晨	zǎochen	名	早朝，朝
早饭	zǎofàn	名	朝食，朝ごはん
早上	zǎoshang	名	朝
怎么	zěnme	代	①なぜ，どうして ②どう，どのように
怎么样	zěnmeyàng	代	どんなか，どのようか
站	zhàn	動	立つ

		名 駅,停留所	

张　zhāng　量 平らな面を持つ物を数える
找　zhǎo　動 捜す,探す
照片　zhàopiàn　名 写真《张 zhāng》;〈口〉"照片儿" (zhàopiānr)とも
照相　zhào//xiàng　動 写真を撮る
这　zhè　代 これ,それ;この,その〈口〉zhèi
这次　zhè cì　□ 今回
这个　zhège　代 これ,この
这里　zhèli　代 ここ
这么　zhème　代 こんなに,このように
这儿　zhèr　代 〈口〉ここ
这些　zhèxiē　代 これら,それら;これらの,それらの
这样　zhèyàng　代 (～儿)このような,このように
着　zhe　助 …している,…してある;持続を示す
真　zhēn　副 本当に,じつに
正　zhèng　副 …している;"正在" (zhèngzài) とも
支　zhī　量 棒状の物を数える;"枝"とも書く
只　zhī　量 匹,頭;動物を数える
知道　zhīdao　動 分かる,知っている;否定形は多く zhīdào
只　zhǐ　副 ただ…だけ
纸　zhǐ　名 紙《张 zhāng》
中文　Zhōngwén　名 中国語,中国語の文章
中文广播　Zhōngwén guǎngbō　□ 中国語放送
中文书　Zhōngwén shū　□ 中国語の本
中午　zhōngwǔ　名 お昼;12時前後
中学　zhōngxué　名 中学,高校《所 suǒ》
中学生　zhōngxuéshēng　名 中学生,高校生
钟　zhōng　名 ①時計 ②時間を表す
钟头　zhōngtóu　名 時間の単位;60分

种　zhǒng　量 種類を数える
种子　zhǒngzi　名 種《粒 lì、颗 kē》
种　zhòng　動 植える
重　zhòng　形 重い
周　zhōu　名 週,曜日
猪　zhū　名 豚《口 kǒu》
主席　zhǔxí　名 ①主席 ②議長
住　zhù　動 住む,泊まる
住院　zhù//yuàn　動 入院する
祝　zhù　動 祈る,願う
庄稼　zhuāngjia　名 農作物
准备　zhǔnbèi　動 ①準備する ②…するつもりだ
桌子　zhuōzi　名 机,テーブル《张 zhāng》
自行车　zìxíngchē　名 自転車《辆 liàng》
字　zì　名 字
字典　zìdiǎn　名 字書,字典《本 běn、部 bù》
走　zǒu　動 歩く,出かける
走路　zǒu//lù　動 歩く,歩行する
足球　zúqiú　名 サッカー
嘴　zuǐ　名 口《张 zhāng》
最　zuì　副 最も,いちばん
昨天　zuótiān　名 きのう,昨日
左边　zuǒbian　名 (～儿)左,左の方
作家　zuòjiā　名 作家
作业　zuòyè　名 宿題
坐　zuò　動 座る,腰掛ける;乗り物に乗る
坐船　zuò chuán　□ 船に乗る
坐飞机　zuò fēijī　□ 飛行機に乗る
坐汽车　zuò qìchē　□ 自動車に乗る
座　zuò　量 山・ビル・橋などどっしりした物を数える
做　zuò　動 作る,する,行う
做菜　zuò cài　□ 料理を作る
做饭　zuò fàn　□ 料理を作る
做作业　zuò zuòyè　□ 宿題をする

Y・Z

乌鲁木齐
Wūlǔmùqí

新疆维吾尔自治区
Xīnjiāng Wéiwú'ěr Zìzhìqū

甘肃省
Gānsù Shěng

宁夏回族自治区
Níngxià Huízú Zìzhìqū

银川
Yínchuān

青海省
Qīnghǎi Shěng

西宁
Xīníng

兰州
Lánzhōu

西藏自治区
Xīzàng Zìzhìqū

四川省
Sìchuān Shěng

成都
Chéngdū

拉萨
Lāsà

贵州省
Guìzhōu Shěng

贵阳
Guìyáng

云南省
Yúnnán Shěng

昆明
Kūnmíng

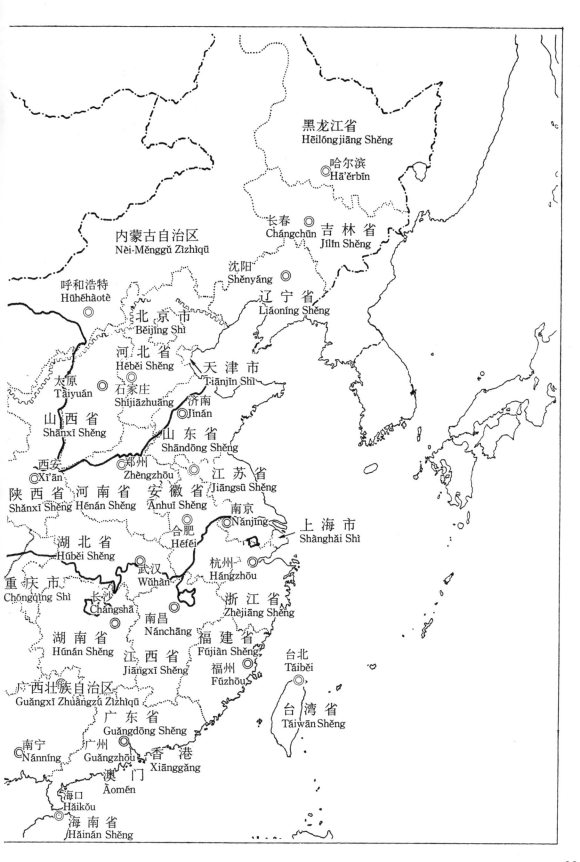

黑龙江省
Hēilóngjiāng Shěng

哈尔滨
Hā'ěrbīn

长春 ◎ 吉林省
Chángchūn Jílín Shěng

内蒙古自治区
Nèi-Měnggǔ Zìzhìqū

沈阳
Shěnyáng

呼和浩特
Hūhéhàotè

辽宁省
Liáoníng Shěng

北京市
Běijīng Shì

河北省
Héběi Shěng

天津市
Tiānjīn Shì

太原
Tàiyuán

石家庄
Shíjiāzhuāng

济南
Jǐnán

山西省
Shānxī Shěng

山东省
Shāndōng Shěng

西安
Xī'ān

郑州
Zhèngzhōu

江苏省
Jiāngsū Shěng

陕西省 河南省 安徽省
Shǎnxī Shěng Hénán Shěng Ānhuī Shěng

南京
Nánjīng

上海市
Shànghǎi Shì

湖北省
Húběi Shěng

合肥
Héféi

杭州
Hángzhōu

重庆市
Chóngqìng Shì

武汉
Wǔhàn

长沙
Chángshā

浙江省
Zhèjiāng Shěng

南昌
Nánchāng

湖南省
Húnán Shěng

江西省
Jiāngxī Shěng

福建省
Fújiàn Shěng

台北
Táiběi

广西壮族自治区
Guǎngxī Zhuàngzú Zìzhìqū

福州
Fúzhōu

台湾省
Táiwān Shěng

广东省
Guǎngdōng Shěng

南宁
Nánníng

广州
Guǎngzhōu

香港
Xiānggǎng

澳门
Àomén

海口
Hǎikǒu

海南省
Hǎinán Shěng

筆画順のポイントに注意しながら書いてみましょう。

办（辦） bàn　4画	フ カ 办 办 力を先に書いてから左右に点を加える。	
别（別） bié　7画	ノ 口 口 弓 另 别 别 左下は日本語と違って力である。	
差（差） chà　9画	` `` ` ``` 兰 羊 美 差 差 差 第6筆は丿。"着"も同じ。	
长（長） cháng　4画	ノ 上 长 长 第3筆は丨。	
车（車） chē　4画	一 左 车 车 第2筆 ㄥ はひと筆で。	
东（東） dōng　5画	一 左 车 东 东 第2筆は ㄥ。第3筆 丨 は下をはねる。	
喝（喝） hē　12画	ノ 口 口 口 吖 吖 吁 吁 吔 喝 喝 喝 勹の中がヒにならないように。	
画（画） huà　8画	一 ㄧ 一 币 币 而 画 画 田の上が突き抜けないように。	
角（角） jiǎo　7画	ノ 勹 勹 夕 角 角 角 最後の1筆は下に突き抜ける。	
乐（楽） lè/yuè　5画	ノ 二 乐 乐 乐 第1筆は ノ，第2筆は ㄥ，第3筆は 丨。	
练（練） liàn　8画	ㄥ ㄠ 纟 纟 纩 纩 练 练 右側は 东 ではなく，东。	
两（両） liǎng　7画	一 ㄧ 币 两 两 两 两 第4筆以降は 从。	
买（買） mǎi　6画	ㄱ ㄱ ㄱ 㲋 买 买 わかんむり ㄱ ではない。头の2点は上下に。	
钱（銭） qián　10画	ノ 卜 卢 卢 钅 钅 钅 钱 钱 钱 右側は 戋 ではなく 戋。"浅"も同じ。	
收（収） shōu　6画	ㄥ ㄐ ㄐ 收 收 收 右側は 又 ではなくぼくにょう 攵。	
汤（湯） tāng　6画	` `` ` 氵 汤 汤 汤 第4筆 ㄅ はひと筆で。	
写（写） xiě　5画	` ㄱ 写 写 写 最後の横棒一は突き抜けない。	

次の語句の発音（ピンイン）と意味を調べ，漢字（簡体字）を練習しましょう。

3.

ピンイン			意味							
认识										

ピンイン			意味							
高兴										

ピンイン			意味							
什么										

ピンイン			意味							
电脑										

4.

ピンイン			意味							
学习										

ピンイン			意味							
难										

ピンイン			意味							
报纸										

ピンイン			意味							
作业										

5.

ピンイン			意味							
房间										

ピンイン			意味							
吃饭										

ピンイン			意味							
钢笔										

6.

ピンイン			意味							
还是										

ピンイン			意味							
乌龙茶										

ピンイン			意味							
饺子										

7.

ピンイン			意味							
公园										

ピンイン			意味							
图书馆										

ピンイン			意味							
滑冰										

ピンイン			意味							
游泳										

8.

ピンイン			意味							
已经										

ピンイン			意味							
邮局										

ピンイン			意味							
翻译										

9.

ピンイン			意味							
过										

ピンイン	意味								
怎么样									

ピンイン	意味								
厉害									

10.

ピンイン	意味								
外边									

ピンイン	意味								
着									

ピンイン	意味								
刮风									

11.

ピンイン	意味								
试									

ピンイン	意味								
生气									

ピンイン	意味								
尝									

12.

ピンイン	意味								
出发									

ピンイン	意味								
毕业									

ピンイン	意味								
年轻									

上野恵司（うえのけいじ） 共立女子大学名誉教授　文学博士

1939 年 10 月大阪府に生まれる。東京教育大学（現・筑波大学）文学部社会学科，同漢文学科を卒業。1968 年大阪市立大学大学院修了。1979 年～ 81 年，北京にて研修。帰国後 NHK ラジオ中国語講座担当。筑波大学教授，共立女子大学教授等を歴任。西安交通大学客員教授。2000 年 4 月より日本中国語検定協会理事長，2021 年 1 月同顧問。

例文校閲：　魯　暁　琨
音声吹込：　呉　志　剛
　　　　　　李　　　洵

週1回1年間で学ぶ**中国語の基礎**　音声ダウンロード

2020 年 4 月 7 日　初版発行
2022 年 3 月 24 日　第 3 刷発行

著　者　上野恵司
発行者　佐藤康夫
発行所　白　帝　社

〒 171-0014　東京都豊島区池袋 2-65-1
TEL 03-3986-3271　FAX 03-3986-3272
info@hakuteisha.co.jp　http://www.hakuteisha.co.jp/

印刷 倉敷印刷（株）／製本 ティーケー出版印刷（株）